AF723617

MARKUS KLEINKNECHT

O du fiese Weihnachtszeit

MÖRDERISCHE WEIHNACHT Von wegen Besinnlichkeit im Kerzenschein. »O du fiese Weihnachtszeit« erzählt zwölf Geschichten zum Fest der Feste, in denen es vor kleinen Gemeinheiten und hinterhältigen Morden nur so strotzt. Krimi, Grusel und Seemannsgarn aus Hamburg stecken im Geschenkesack. In den Hauptrollen unter anderem das Hamburger Nationalgericht Labskaus, ein unheimliches Wrack vor Blankenese, die historische Speicherstadt an der Elbe, »fliegende« Tannenbäume, die auf Schiffe geworfen werden, eine Burgruine in Miniaturformat an der Alster und der Hamburger Hafen im Nebel. Die Geschichten sind einzeln abgeschlossen und können in beliebiger Reihenfolge gelesen werden, doch wer die Querverweise untereinander entdeckt, hat gleich noch mehr Lesespaß. Ein makabrer Nervenkitzel für die Bahn, im Bett oder natürlich auch unterm brennenden Weihnachtsbaum.

© Studio Gleis 11

Markus Kleinknecht ist ein Hamburger Fernsehjournalist. Polizeigeschichten und Gerichtsprozesse gehören seit über 20 Jahren zu seiner Arbeit. Das Leben scheint ihm deshalb oft viel wahnsinniger, als er es sich ausdenken kann. Bekannt wurde er durch seine Thriller rund um das Hamburger Journalistenpaar Charlotte Sander und Jan Fischer. Kleinknecht lebt mit seiner Familie und einem Border Collie im Hamburger Speckgürtel.
Mehr auf der Homepage: markus.kleinknecht.de

MARKUS KLEINKNECHT

O du fiese Weihnachtszeit

Böse und makabre Geschichten aus Hamburg

GMEINER

Personen und Handlung sind frei erfunden.
Ähnlichkeiten mit lebenden oder toten Personen
sind rein zufällig und nicht beabsichtigt.

Die automatisierte Analyse des Werkes, um daraus Informationen insbesondere über Muster, Trends und Korrelationen gemäß § 44b UrhG (»Text und Data Mining«) zu gewinnen, ist untersagt.

Immer informiert

NEWSLETTER

Spannung pur – mit unserem Newsletter informieren wir Sie regelmäßig über Wissenswertes aus unserer Bücherwelt.

Gefällt mir!

Facebook: @Gmeiner.Verlag
Instagram: @gmeinerverlag

MIX
Papier | Fördert gute Waldnutzung
FSC® C014496
FSC www.fsc.org

Besuchen Sie uns im Internet:
www.gmeiner-verlag.de

© 2024 – Gmeiner-Verlag GmbH
Im Ehnried 5, 88605 Meßkirch
Telefon 07575/2095-0
info@gmeiner-verlag.de
Alle Rechte vorbehalten
1. Auflage 2024

Lektorat: Claudia Senghaas, Kirchardt
Herstellung: Mirjam Hecht
Umschlaggestaltung: U.O.R.G. Lutz Eberle, Stuttgart
unter Verwendung eines Fotos von: © Illustration Lutz Eberle
mit Elementen von KatyaKatya / stock.adobe.com
Druck: GGP Media GmbH, Pößneck
Printed in Germany
ISBN 978-3-8392-0719-2

INHALT

DIE SCHNAPSLEICHE

»Ich wünsche allen Kindern nah und weit eine schöne Weihnachtszeit.« Mit diesen Worten fuhr ein Weihnachtsmann auf seinem Schlitten am Turm des Hamburger Rathauses vorbei. Das an extra dicken Stahlseilen aufgehängte Spezialgefährt war mit Geschenken vollgepackt und etwas größer als ein Autoscooter. Mechanische Rentiere zogen es in luftiger Höhe quer über den Weihnachtsmarkt am Rathaus. Kinder und Erwachsene lauschten ergriffen, als der Weihnachtsmann mit dem Schlitten auf halber Strecke stehen blieb und seine Rentiere namentlich vorstellte. Nur eine Gestalt weit und breit schien dies nicht zu interessieren. Sie steckte ebenfalls in einem rot-weißen Weihnachtsmannkostüm und stapfte achtlos über den Platz. Ihr Blick streifte das Spektakel zwar, aber nur, um auf die Rathausuhr zu sehen. Verdammt, noch immer viel zu früh für die Bescherung.

Den Job als Santa Claus hatte der Mann seiner Schwester zu verdanken. Mehrfach hatte sie ihn darum gebeten, fast schon angebettelt, diesen nicht auch wieder zu vermasseln. »Und sei bloß pünktlich!«, waren ihre Worte gewesen. Deshalb war er extra früh zum Kostümverleih in einer Seitenstraße unweit des Rathauses gegangen, hatte sich dort in Montur geworfen und war dann mit seinen schwarzen Stiefeln auf einen feucht glitzernden Fußweg getreten. Vergeblich versuchte er zu ignorieren, dass der falsche Bart kratzte und sein Kopf unter der roten Mütze juckte. Santa Claus ging hinüber zu den Haltestellen und suchte sich im Bus einen freien Platz. Schaukelnd setzte sich das Fahrzeug in Bewegung. Der Weihnachtsmann spürte Kinderaugen auf sich ruhen. Lächelnd winkte er einem Mädchen mit seinen schwarzen Handschuhen zu und bekam ein schüchternes Winken zurück.

Auf der Reeperbahn stieg der Weihnachtsmann am Spielbudenplatz aus. Er war auf dem Weg nach Hause, erkannte dann aber die Gefahr, auf dem Sofa einzuschlafen. Dieses Risiko wollte er nicht eingehen. Stattdessen wartete er an der Ampel artig auf Grün und wechselte die Straßenseite, um über den dortigen Weihnachtsmarkt zu bummeln. Anders als auf dem Rathausplatz, wo es geschnitzte Figuren aus dem Erzgebirge und leuchtende Weihnachtssterne gab, fanden sich in den Buden von Santa Pauli ganz besondere Gaben. Immerhin befand man sich hier auf der sündigsten Meile der Welt. Hier wurde Unterwäsche feilgeboten, die so gar nicht nach Baumwollschlüpfer aussah. Es gab Einhornpunsch und fein gedrechselte Holzdildos. Am Wochenende fanden sogar Stripshows statt, doch ausgerechnet jetzt natürlich nicht.

Der Weihnachtsmann ließ sich einen Punsch mit Schuss geben und bewunderte das frivole Motiv auf seinem Becher. Endlich wurden seine Gliedmaßen warm.

Der Effekt gefiel ihm. Deshalb ließ er sich nachschenken. Nicht nur ein- oder zweimal. Irgendwann bemerkte er dann fragende Blicke in seine Richtung. Erwachsene tuschelten und lachten. Die wenigen Kinder, die hier waren, wurden von Eltern oder Onkel und Tanten am Weihnachtsmann vorbeigezogen. Was denn, dachte er und schob seinen verrutschten Bart wieder zurecht. Das Ding hatte sich mit Punsch vollgesogen und klebte wie Zuckerwatte an seinem Kinn.

»Wie spät ist es?«, lallte Santa Claus die hübsche Bedienung hinter dem Tresen an. »Was? So spät schon? Verfluchter Mist. Na, bleib mir treu, mein Zuckermäuschen. Ich komme bald wieder.«

Der Weihnachtsmann zwinkerte der Bedienung zu, schwankte dann vom Glühweinstand Richtung Ausgang und erbrach sich neben einer Waffelbude. »Gibt's doch nicht«, hörte er jemanden sagen. Ein charakteristisches Klicken verriet, dass er mit einem Smartphone fotografiert wurde. Vielleicht filmte ihn sogar jemand. So schnell wie möglich taumelte Santa Claus weiter.

Reiß dich zusammen, murmelte er in seinen Bart, als sich das Bild eines derangierten Weihnachtsmanns in einem Schaufenster spiegelte. Er atmete tief durch und wandte sich der nächsten Bushaltestelle zu. Man wartete bestimmt schon auf ihn. Die Zeit bis zur Bescherung, die er vorhin noch zu viel gehabt hatte, war auf Santa Pauli nur so dahingerast.

Wieder nahm der Weihnachtsmann den Bus. Diesmal ging es am Hauptbahnhof vorbei zur Außenalster. Die Fahrt dauerte länger als die vorige. Endlich sagte der Busfahrer die richtige Straße an, und der Weihnachtsmann schaffte es aus der Tür, ohne auf die Knie zu fallen. Das nahm er als gutes Zeichen. Nur kurz die Geschenke dort in der teuren Villa abliefern und dann ab nach Hause. Wird schon gut gehen, Schwesterherz. Ich kriege das hin. Wirst sehen.

Santa Claus versuchte, sich an die Beschreibung zu erinnern, die er von seinem Mittelsmann bekommen hatte, und suchte trotzdem eine ganze Weile vergeblich im Garten nach den Geschenken. Zum Glück war es schon dunkel, sonst hätten ihn neugierige Kinder aus den großen Fenstern der Villa sehen können. Dann merkte er, dass er auf der falschen Hausseite unterwegs war. Natürlich, am Pavillon beim Alsterkanal war der Geschenkesack versteckt. Ganz schön schwer war das Ding. Es mussten sehr artige Kinder in diesem Haus wohnen, dachte Santa Claus, warf sich den Jutesack mit den Geschenken über die Schulter und klingelte endlich an der Eingangstür. Als diese geöffnet wurde, sah ihn ein Mann, groß wie ein Gebirge, mit angeschwollener Ader auf der fliehenden Stirn an. »Wissen Sie, wie spät es ist? Die Kinder drehen fast durch. Verdammt, Mann.«

»Verdammt, *Weihnachtsmann*!«, korrigierte der Angesprochene. »So viel Zeit muss sein. Darf ich mal vorbei? Man erwartet mich.«

Santa Claus war stolz auf seine Schlagfertigkeit, musste dabei aber hoffen, dass die ausgesprochenen Worte annähernd so deutlich wie in seinem Kopf klangen. Den Stolperer über den teuren Teppich versuchte er dann als gewollte Witzeinlage zu verkaufen. Als einen Gag, um den beiden staunenden Kindern im Wohnzimmer die Angst vor dem bärtigen Mann zu nehmen, der möglicherweise eine Rute in seinem Sack dabeihatte.

Neben dem Weihnachtsbaum, der das ganze Jahr Bodybuilding gemacht haben musste, um all den Schmuck auf seinen Ästen tragen zu können, stand ein Sessel, auf den sich der erschöpfte Weihnachtsmann fallen ließ. »Ihr Kinderlein«, lallte er. »Ich komme von weither und bin dankbar für ein kleines Päuschen. Wer kennt ein Gedicht?«

Die Geschwister, ein Junge um die zehn und ein etwas jüngeres Mädchen, starrten ihn an, als sei er ein Weltwunder. Dann meldete sich der Junge. Seine Haare waren streng nach hinten gekämmt. Er trug ein weißes Oberhemd und eine blaue Fliege um den Hals. Kurz wechselte er einen Blick mit seinem Vater und begann dann vor den Augen von Mutter und Schwester ein paar Reime von Theodor Storm aufzusagen. »Von drauß' vom Walde komm ich her, ich muss euch sagen, es weihnachtet sehr!«

Schon neigte sich der Kopf des Weihnachtsmanns leicht zur Seite und suchte Kontakt mit den weichen Backen des Ohrensessels.

»Die Rute, die ist hier«, säuselte die Knabenstimme. »Doch für die Kinder nur, die schlechten, die trifft sie auf den Teil, den rechten.«

Um möglichst konzentriert auszusehen, schloss Santa Claus die Augen.

»He«, wurde er angestupst. Es war die kleine Schwester, die sich an ihn herangewagt hatte. »Du schläfst ja.«

»Nein, nein. Hab alles gehört. Jedes Wort. Sehr schön«, erwiderte der Weihnachtsmann. »Dann guckt doch mal, was ich alles mitgebracht habe. Da im Sack. Nehmt euch jeder was Schönes raus.«

»Aber so geht das nicht. Du musst uns die Geschenke doch geben«, protestierte das kleine Mädchen. Dabei sah es furchtbar niedlich in seinem roten Kleidchen aus.

»Stimmt«, gab der Weihnachtsmann zu und streckte ein Bein aus, um den Jutesack mit dem Stiefel zu angeln. Denn ans Aufstehen war im Augenblick nicht zu denken.

»Du hast doch auch noch etwas vorbereitet, Sophie«, mischte sich die Mutter in diesem Moment ein. Sie trug ein ärmelloses schwarzes Kleid, auf dem silbernes Glitzern an den Sternenhimmel denken ließ. Ein ganzes Stück jünger als ihr bulliger Gatte war sie die Zierde des Hauses.

»Muss ich wirklich?«, fragte das Mädchen und schien zu hoffen, dass das aufgesagte Gedicht ihres Bruders reichen würde, um an die Geschenke zu kommen.

»Musst du nicht«, antwortete Santa Claus, der ebenfalls auf keine weitere Darbietung erpicht war. Doch damit kamen er und das Mädchen nicht durch. Die hübsche Mutter beharrte auf das Vorspielen eines Flötenstücks.

»Großartig«, meinte der Weihnachtsmann, als auch der letzte Ton von *Stille Nacht* verfehlt worden war. »Nun her mit dem Sack.«

Das Mädchen ließ die Flöte sinken, während der große Bruder den Jutesack zum Ohrensessel trug. Dabei bewegten sich seine Nasenflügel auffällig. Er schnüffelte an Santa Claus und sah seine Mutter fragend an. Doch dann zauberte der Weihnachtsmann für jedes Kind drei große Geschenke aus dem Sack und holte sich so deren Wohlwollen zurück. Selbst der Zorn des Erzeugers schien sich langsam zu legen. Statt bullig und böse wie zuvor wirkte er nun altväterlich und gnädig. Sein Blick ging zur weitaus jüngeren Gattin. Wenn sie zufrieden mit der Show war, war er es offensichtlich auch.

Läuft doch ganz gut, dachte der Weihnachtsmann und ließ den Sack zurück auf den Boden fallen. Dort gab es für alle hörbar ein deutliches »Klong«.

»Er ist noch gar nicht leer«, quiekte das Mädchen aufgeregt. »Es gibt noch mehr.«

»Noch mehr?«, fragte der Junge mit der hübschen Fliege am Hals.

»Noch mehr?«, fragte Santa Claus, der genauso überrascht wie die Kinder war. Langsam hob er den Sack noch einmal an und streckte seinen Arm hinein. Die Hand mit dem schwarzen Handschuh zog ein Geschenk heraus, mit dem die Kinderaugen offenkundig nichts anzufangen wussten. Und es war auch gar nicht eingepackt. Nur eine rote Schleife zierte den Holzdildo, den der Weihnachtsmann nun in der Hand hielt. Er sah vom Vater zu den Kindern und war ratlos. Kann schon sein, dass dieses besonders hübsche Stück der Handwerkskunst auf Santa Pauli ohne zu bezahlen in einer seiner Manteltaschen verschwunden war, aber wie war es von dort in den Geschenkesack gelangt? Moment, natürlich … beim Klingeln an der Haustür hatte er es in seiner Tasche entdeckt, fiel es dem Weihnachtsmann nun wieder ein, und in der Eile hatte er nicht gewusst, wohin damit.

»Was ist das?«, fragte das kleine Mädchen.

»Das ist für deine Mutter«, erwiderte der Weihnachtsmann, um die Situation zu retten.

Die Sterne glitzerten am Himmelszelt, und der Anblick war wunderschön in dieser hochheiligen Nacht, doch leider war es auch saukalt. Der Weihnachtsmann wandte den Blick über die Schulter und sah einen Stapel Geschenke hinter sich. Dann entdeckte er, dass er in einem großen Schlitten saß, mit vier Rentieren davor. Ein Windstoß traf ihn ins Gesicht, während neben ihm die Rathausuhr zum ersten Weihnachtstag schlug. Vorsichtig blickte Santa Claus nach unten. Sein Blick fiel auf Dächer und schmale Gassen. Es schien unmöglich, aber er flog tatsächlich mit einem Schlitten durch die Luft. Obwohl es leicht schwankte, beschloss der Weihnachtsmann aufzustehen, um sich besser umsehen zu können. Erst da bemerkte er, dass seine Arme mit Gewebeband am Schlitten festgebunden waren. Mit eben jenem Klebeband, das auch seine Beine zusammenschnürte.

Der Weihnachtsmann erinnerte sich an die halbwegs gelungene Bescherung in der Villa. An die Geschenke für die Kinder.

An das Geschenk für die Mutter …

An die geschwollene Ader auf der Stirn des Hausherrn.

Dann an seinen überstürzten Abschied aus der Villa, das Stolpern auf der Außentreppe, den Weg, den er auf der Suche nach der nächsten S-Bahnstation zunächst in die falsche Richtung gelaufen war, und an die zwei netten Männer, die ihn schließlich bei den Armen gegriffen und in ihrem Auto mitgenommen hatten. Zunächst war es still im Wagen gewesen. Also versuchte es der Weihnachtsmann mit einem Witz, und die Stimmung wurde besser. Er durfte von seinem Job erzählen und seinem Besuch in der Villa. Am besten gefiel den Männern die Geschichte vom Holzdildo und der roten Schleife drumherum. »Irgendwie ganz schön mutig, solch ein Ding aus Holz zu schnitzen«, beendete Santa Claus seine Erzählung. »Schon mal jemand an mögliche Splitter gedacht?«

Die Männer bogen sich vor Lachen. Und sie lachten noch immer, als sie den Weihnachtsmann auf dem Rathausplatz aus dem Auto zerrten. Die Kletterpartie an einem Pfeiler hinauf zum Schlitten war etwas mühsam, doch weil die Männer nett waren, gab Santa Claus sich Mühe mitzukommen.

Nun saß er also hier oben, festgebunden und verschnürt, als sei er selbst ein Geschenk. Die Fahrt stoppte auf halber Strecke zur beleuchteten Weihnachtspyramide. Die Männer, die ihn hergebracht hatten, sahen zu ihm hinauf und winkten, bevor sie wieder in ihr Auto stiegen und wegfuhren. Gerne wäre er mit ihnen gefahren. Doch irgendwie hatte er das Gefühl, dass sie nicht zurückkommen würden. Als er den Blick hob, sah er, wie sich fliehende Wolken an den Sternen vorbeischoben. Es wurde eine knackig kalte Weihnachtsnacht. Wie eine dünne Rauchfahne stieg der Atem des Weihnachtsmanns gen Himmel. Seine Glieder wurden langsam taub. Trotzdem fühlte er sich wohl und geborgen. Ich wünsche allen Kindern nah und weit eine schöne Weihnachtszeit, dachte er noch. Gegen Morgen fielen dann die ersten Flocken. Da saß der Weihnachtsmann noch immer in seinem Schlitten, ganz andächtig und still. Und schon bald bedeckte ihn ein Kleid aus Schnee.

FLIEGENDE TANNENBÄUME

»Wasch mich!«, stand in einen Schmierfilm aus hochgeschleudertem Straßendreck auf dem ursprünglich weißen VW-Transporter geschrieben. Den Besitzer schien es nicht zu stören. Er saß in der Fahrerkabine und kraulte seinen Bart, während sich neben ihm ein zweiter Mann fröstelnd mit den Händen über die Oberschenkel rieb. Das Fahrzeug parkte in Blankenese an einer steilen Abfahrt zur Elbe. Weiter unten verlief das Falkensteiner Ufer, ein Fahrrad- und Fußgängerweg, von dem Autos schon seit Jahren verbannt waren. Auf den umliegenden Hausdächern und Wegen lag Schnee, auf der Straße bestand er dank der Streufahrzeuge der Stadtreinigung nur noch aus schmutzigem Matsch.

»Verstehe nicht, warum wir hier frieren müssen«, beklagte sich der Beifahrer.

»Bin doch kein Umweltschwein und lass die ganze Zeit den Motor laufen. Du etwa?«

»Mir egal. Hauptsache, es wird warm.«

»Schon gut. Brauchst nicht länger zu warten. Guck, da kommt er. Kannst deine Uhr nach stellen. Jedes Jahr dasselbe Spiel.«

Halb ging, halb schlitterte ein alter Mann den abschüssigen Fußweg hinunter. Sein Parka stand offen trotz der frischen Brise, die, vom Fluss kommend, den Schnee in Wirbeln aufpeitschte. Das Gesicht des Alten wurde von einer traditionellen Lotsenmütze mit Kordelband über dem kleinen Schirmchen verdeckt. Auf einer Schulter lag ein eingenetzter Tannenbaum. Nicht größer als er selbst. Trotzdem machte das unhandliche Gepäckstück dem Alten offensichtlich zu schaffen. Immer wieder versuchte er, das Gleichgewicht zu halten, und jonglierte dabei den Baum so gut es ging.

»Das ist Peet«, stellte der Fahrer des VW-Transporters vor. »Ein echtes Original. Erst Seemann, dann Hafenlotse und in seinen letzten Berufsjahren Überbringer der fliegenden Weihnachtsbäume.«

Die Stirn des Beifahrers krauste sich.

»Fliegende Weihnachtsbäume ... Kennste etwa nicht?«, fragte der Fahrer kopfschüttelnd. »Wo bist du denn her? Etwa aus Pinneberg?«

»Ja, ganz genau. Und wenn dir das nicht passt, kann ich dir auch eine ballern!«

Der Fahrer grunzte amüsiert auf. »Jedes Jahr vor Weihnachten werden Nordmanntannen zu den Schiffen gebracht, die im Hafen liegen«, erzählte er dann weiter. »Wo es geht, wird der Baum einfach von einem Schiff zum anderen über die Bordwand geworfen. Deshalb fliegende Weihnachtsbäume, verstehste? Peet hat das vor seiner Rente etliche Jahre gemacht. Und danach dann auch privat. Da allerdings nur noch bei einem Schiff, nämlich der *Uwe*. Die ist 1975 auf der Elbe gesunken und liegt nun als Wrack da unten am Falkensteiner Ufer.« Der Fahrer wies mit dem Kinn nach vorn. »Eine Verkettung unglücklicher Umstände war das damals. Am 19. Dezember 1975, um genau zu sein. Zwei Frachter sind in der Fahrrinne kollidiert. Eines ist aus dem Ruder gelaufen und hat direkt auf die *Uwe* zugesteuert. Ich glaube, es kam aus Polen. Das viel niedriger im Wasser liegende Binnenschiff wurde vom Bug des Frachters mittschiffs getroffen und regelrecht in zwei Teile zerschnitten. 16 Mannschaftsmitglieder plus Kapitän mussten ins Wasser, glaube ich jedenfalls. Im Winter kein Spaß. Da hat die Elbe Kühlschranktemperatur. Kannste schnell erfrieren und dann ersaufen. Ist damals aber keiner. Wurden alle gerettet. Trotzdem eine Hammergeschichte, was? Das Schiff wurde anschließend geborgen und hierhergeschleppt. Zur Uferbefestigung. Nur noch mit dem Arsch guckt es aus dem Wasser. Verrostend und verfaulend. Die Leute stört es nicht. Die machen sogar Fotos vom Wrack. Aber das wollte ich gar nicht erzählen. Sondern, dass Peet da jedes Jahr einen Tannenbaum hinbringt. Zur *Uwe*, meine ich. Er fährt mit einem kleinen Boot rüber, klettert an Bord und stellt die Tanne am Heck auf. Manchmal leuchtet der Baum sogar, heißt es. Weiß nicht, wie das geht bei dem stetigen Wind. Aber die Leute schwören, dass sie die Lichter am Baum an Heiligabend brennen sehen.«

»Ist das nicht schweinegefährlich? Ich mein, da raufklettern und so?«

»Klar. Aber Peet lässt sich nicht davon abhalten. Jedes Jahr am 19. Dezember schleppt er einen Baum zur *Uwe*. Der Wasserschutz liegt dann mit einem Schiff auf der Elbe und passt auf. Trotzdem verrückt. Sogar im Fernsehen haben sie schon darüber berichtet. Daher weiß ich es überhaupt. Habe letztes Jahr einen Beitrag darüber gesehen. In einem dieser Regionalprogramme, weißte.«

Der Beifahrer zuckte mit den Schultern. »Mir ist noch immer kalt. Dachte, wir drehen heute ein Ding.«

»Machen wir auch. Wollte nur sehen, ob Peet dieses Jahr wieder zur *Uwe* geht. Denn dafür braucht er mehrere Stunden. Mit dem Boot rüber. Baum aufstellen. Der ganze Scheiß. Genug Zeit, um bei ihm in Ruhe einzusteigen.«

Das Gesicht des Beifahrers hellte sich auf. »Du weißt, wo dieser Peet wohnt, stimmt's?«

»Bin in der Nachbarschaft aufgewachsen«, sprach der andere grinsend weiter. »Peet hat uns Kinder oft bei sich im Garten spielen lassen. Da gab es ein altes Schlauchboot, einen Fahnenmast, einen riesigen Anker und so weiter. Ein Paradies. Ich war total gerne da. Und außerdem hat er uns bei Kinderpunsch, also warmem Apfelsaft ohne Alkohol, Seemannsgarn erzählt. Von Nixen und vom Klabautermann. Meistens ganz schön unheimlich. Außerdem hat er uns von seiner Schatztruhe erzählt, in der er Andenken an seine Weltreisen aufbewahrt. Auch wertvolles Zeug darunter. Dachte mir, schadet doch nichts, wenn wir mal einen Blick in die Kiste werfen.«

Der Beifahrer lüpfte die Augenbrauen. »Während der alte Peet seinen Weihnachtsbaum auf der *Uwe* aufstellt«, sprach er seine Gedanken laut aus.

»Exakt.«

»Ganz schön fies. Dachte, er war früher so nett zu dir.«

»Doch nicht nur zu mir. Auch zu den anderen.«

Der Beifahrer lachte auf. »Na, dann hat er es nicht anders verdient.«

»Nun verstehen wir uns.« Zufrieden boxte der Fahrer seinem Sitznachbar gegen den Oberarm und ließ den Motor an. »Klaun, klaun, Äppel wüllt wi klaun, ruck zuck övern Zaun«, begann er zu singen, während der Wagen die steile Straße hinaufkletterte. Sein Kumpan rieb sich den Arm und setzte dann grölend mit ein: »Ein jeder aber kann dat nich, denn he mutt aus Hamburg sien.«

RENDEZVOUS IM DUNKELN

Paula musste an der Tür rütteln, obwohl auf einem Schild »Geschlossen« stand. Ihre verdammte Neugier war schuld daran. Keine schöne Eigenschaft, wie sie selbst wusste. Denn sie konnte auch an keinem Haus mit erleuchteten Fenstern einfach so vorbeigehen. Wenn es einen Sichtschutz gab, vielleicht eine Hecke, die im Weg stand, dann ging sie sogar auf fremde Grundstücke, um einen besseren Blick auf das Privatleben anderer Menschen zu erhaschen. Ihre Freundinnen kannten und hassten es. Aber Leon nicht, dafür war er noch zu verliebt in Paula. Zuerst waren sie über die Landungsbrücken geschlendert, dann Arm in Arm, vorbei an der Kehrwiederspitze, durch die alte Speicherstadt gegangen. Es war der erste Weihnachtstag. Nach dem Gänseessen bei Paulas Eltern mussten sie einfach noch einmal raus. Die mit Sternen beleuchtete Straße führte schnurgerade an hohen Backsteinbauten vorbei, die seit 1883 nach und nach auf Tausenden Eichenpfählen erbaut wurden. Lange Jahre waren es Handelskontore und Lagerhäuser gewesen. Mittlerweile hatten Werbeagenturen, Start-ups und etliche Museen die Räumlichkeiten für sich entdeckt. Am liebsten mochte Paula das Gruselkabinett mit den täuschend echt aussehenden Wachsfiguren. Aber auch die Welt der Miniaturen begeisterte sie, in der berühmte Orte in winzigem Maßstab nachgebaut waren. Schade, dass heute Abend alle Museen und Ausstellungen geschlossen hatten. Leon kam nicht aus Hamburg und kannte noch keine dieser Attraktionen.

Flink sprang Paula die Stufen zu einer ganz besonderen Eventlocation hinauf und war erstaunt, als sich die Tür nach außen aufziehen ließ. Mit geweiteten Augen blickte sie über die Schulter zu Leon zurück. Er sah gut aus in seinem langen Mantel aus Kaschmirwolle, stellte sie an diesem Weihnachtsabend zum wiederholten Male fest. »Offen!«, rief sie ihm halblaut zu und biss sich vor Freude mit den Schneidezähnen auf die Unterlippe.

Leon winkte ihr zurückzukommen. Doch Paula zog die Tür mit pochendem Herzen noch weiter auf, darauf gefasst, dass gleich eine Alarmanlage losschreien würde. Schon schlüpfte sie in den Vorraum. Durch das hereinfallende Licht der Straßenlaternen konnte sie die geschlossenen Kassen, eine Wand voller Schließfächer und die Garderobe erkennen. Schnell schob Paula die Kapuze ihrer Daunenjacke über den Kopf. War ja möglich, dass es Überwachungskameras gab.

Nun steckte auch Leon seine Nase zur Eingangstür herein. »Was machst du da? Komm sofort wieder raus!«

»Das ist toll hier«, gab Paula zurück. »Sie haben eine Tour durch stockfinstere Räume aufgebaut. So kannst du die Welt von blinden Menschen quasi selbst erleben. Es gibt sogar eine kleine Floßfahrt und am Ende eine Bar, in der einem Getränke serviert werden. Alles bei absoluter Dunkelheit. Natürlich gibt es einen Führer, der einen begleitet. Sonst findet ja keiner wieder raus.«

»Ja, ganz toll«, meinte Leon und sah über seine Schulter. »Lass uns wiederkommen, wenn geöffnet ist.«

»Es ist doch offen. Vielleicht gibt es heute eine Sondertour. Extra zu Weihnachten. Nur für geladene Gäste.«

»Gibt es nicht.«

»Woher willst du das wissen?«

»Dann wäre das Foyer beleuchtet. Irgendjemand hat nur vergessen, die Tür abzuschließen.«

»Das können wir ja herausfinden. Da, hinter dem Vorhang geht die Tour los. Ich kann mich noch genau erinnern.«

»Und selbst wenn, wir haben keine Eintrittskarten.«

Paula beschloss, den Einwand zu überhören. Schon schob sie einen Vorhang zwischen Kassenhäuschen und Schließfächern zur Seite und drückte eine Tür auf.

»Hallo«, fragte sie in die Dunkelheit. »Wir haben uns etwas verspätet. Können wir trotzdem noch mit auf die Tour? – Aber klar. Kommen Sie gerne rein«, antwortete sich Paula mit verstellter Stimme selbst und kicherte.

»Warte«, warnte Leon. »Du verläufst dich da drinnen.«

»Quatsch«, wehrte Paula ab. »Das ist völlig ungefährlich. Wir haben doch unsere Handylampen. Damit finden wir leicht wieder zum Ausgang. Aber lass uns versuchen, sie so lange wie möglich auszulassen, ja?«

Schwärze umfing Paula, als der schwere Vorhang das Licht aus dem Foyer wie mit einem Messer abschnitt. Ihre Augen versuchten, sich an die Dunkelheit zu gewöhnen und irgendeinen Orientierungspunkt zu finden. Doch es gab nicht das kleinste Schimmern, wohin sie den Kopf auch drehte.

»Du bist verrückt«, sagte Leon, als er ihr durch die Tür folgte. »Wo bist du denn, Paula? Ich kann dich nicht sehen. Paula?«

Paula antwortete nicht.

»He, mach keinen Quatsch. Sag, wo du bist, sonst mache ich das Handy an.«

Paula streckte ihre Hand aus, wanderte, als sie Leon gefunden hatte, an seinem Mantel hinunter und streichelte die Innenseite eines Oberschenkels. »Du magst es doch, wenn ich verrückte Sachen mit dir tue«, hauchte sie mit einem möglichst verrucht klingenden Marlene-Dietrich-Timbre in sein Ohr. Ohne Leon zu sehen, wusste Paula, dass ihr Gesicht ganz nah an seinem war.

»Du bist wirklich verrückt.«

»Wie verrückt, zeige ich dir, wenn wir noch ein Stückchen weitergegangen sind.«

»Aber lauf nicht wieder weg«, gab Leon sich endlich geschlagen.

Paula musste grinsen. »Pass auf, wo du hintrittst«, sagte sie, ließ von Leon ab und tastete sich durch die Dunkelheit vorwärts.

»Pass lieber selber auf.«

Paula fand ein gespanntes Kordelband, an dem sie sich entlangtastete. Die linke Hand streckte sie dabei nach vorn, um nicht gegen eine Wand oder einen anderen Gegenstand zu laufen. Hinter sich konnte sie Leon hören, und sie roch das Eau de Toilette, das sie ihm zu

Heiligabend geschenkt hatte. Der Geruch war angenehm. Trotzdem begann die Finsternis langsam, sie nervös zu machen.

Immer wieder warf Paula den Kopf von links nach rechts, obwohl es weder hier noch da etwas zu sehen gab. Sie hörte ihr eigenes Atmen und spürte den Pulsschlag an ihrem Hals. Es war wirklich verrückt, hier durch die Dunkelheit zu gehen. In einer Gruppe machte die Tour eindeutig mehr Spaß. Doch noch konnte sie Leon nicht zur Umkehr auffordern. Die Blöße wollte sie sich nicht geben. Auch das Handylicht wollte sie nicht einschalten. Leon brauchte nicht zu wissen, dass allmählich Furcht in ihre Knochen kroch. Dann traf ihre Hand auf einen Widerstand. Er war weich und gab nach, wenn sie dagegen drückte. Paula blieb stehen und tastete ein Stück höher. Das vor ihr fühlte sich wie eine spitze Erhebung an. Fast wie eine Nase. Dann ertastete sie Augenbrauen, und dann begann sie zu schreien.

»Haben Sie sich verlaufen?«, fragte die Stimme eines alten Mannes. Ungewollt war Paula in die Knie gesunken und presste sich eine Hand auf den Mund. Doch was nützte das schon, wenn ihr Herz so laut schlug, dass jeder es hören musste?

»Wer ist da?«, fragte Leon ein Stück hinter ihr. »Verdammt, ich kriege mein Handy nicht an.«

»Ich bin Gernot und führe durch die Ausstellung. Aber nicht an Weihnachten. Denn da haben wir geschlossen.«

»Gernot?«, fragte Leon.

»Ja.«

»Tut uns leid, Gernot. Die Eingangstür war offen. Wir dachten, es gibt vielleicht eine Sondertour. Gerade weil Weihnachten ist.«

Sehr gut, dachte Paula. Leon flunkert besser, als ich es je könnte. Vielleicht bewahrt er uns davor, dass der Alte die Polizei ruft. Wie kann ich ihm nur helfen? Mit mehr Fragen natürlich. Fragen, um Gernot abzulenken.

Paula suchte nach dem Kordelband, das den Weg markierte, und zog sich daran hoch. »Entschuldigung, dass ich aufgeschrien habe, Gernot. Ich habe mich nur so erschrocken.«

»Kann ich verstehen.«

»Sind Sie blind?«, fragte Paula. »Entschuldigen Sie meine Direktheit. Aber als ich das erste Mal hier war, war mein Führer auch blind.«

»Nicht das gesamte Personal ist blind.«

»Nein, das weiß ich doch.«

»Aber es hilft, sich hier drinnen zurechtzufinden. Ja, ich bin blind.«

Wunderbar, dachte Paula. Dann kann er uns später nicht beschreiben, falls es doch noch Ärger gibt.

»Möchten Sie, dass ich Ihnen den Weg zurück zeige?«, fragte Gernot. »Oder hätten Sie Lust, mit mir durch die ganze Ausstellung zu gehen?«

»Wenn das möglich wäre …«, antwortete Paula.

»Lieber zurück«, plädierte Leon für das Gegenteil.

»He«, meinte Paula abwehrend, »eine Privattour hatte ich noch nie.«

Außerdem kann er uns hinterher nicht mehr verpfeifen, dachte sie. Immerhin hat Gernot die weitere Tour durch die Ausstellung selbst vorgeschlagen.

»Ist es eine lange Strecke?«, wollte Leon wissen.

»Wir sind noch ziemlich am Anfang«, gab Gernot zu. »Aber ich kann ein paar Abkürzungen nehmen.«

»Komm schon, Leon!«, bat Paula und flüsterte ihm zu: »Denk einfach an die verrückte Belohnung, die du nachher von mir bekommst.«

»Verrückter als das hier?«, flüsterte er zurück.

»Wirst schon sehen.«

Paula war sich nicht sicher, ob sie Gernot mit den gesenkten Stimmen gänzlich von ihrem Gespräch ausgeschlossen hatten, Blinde sollten ja ein tolles Hörvermögen haben, aber eigentlich war ihr das auch ganz recht. Sollte sich der Alte ruhig seine eigenen Vorstellungen davon machen, was Paula mit ihren Andeutungen meinte. Es war ja Weihnachten.

»Dann wollen wir mal«, sagte Gernot. »Aber Vorsicht, wir kommen gleich zu einem kleinen Gewässer. Da steigen wir auf ein Floß.«

»Daran kann ich mich erinnern«, stellte Paula triumphierend fest. »Das macht Spaß.«

Dann merkte sie, wie Leons Hand vorsichtig nach ihrer griff. Sie fühlte sich klein und kalt an. Er hat also auch etwas Angst, triumphierte Paula mit einem plötzlichen Gefühl der Überlegenheit.

An einer Bar, die Abschluss und Höhepunkt der Tour darstellte, gab Gernot einen Drink aus. Dazu schob er Paula und Leon Knabberzeug über den Tresen zu.

»Was ist das?«, fragte Leon und roch an seinem Glas.

»Das sollen wir doch herausschmecken«, gab Paula zurück.

»Ideale Gelegenheit, um jemanden zu vergiften«, meinte Leon scherzhaft. »Man sieht ja nicht, was reingemischt wird.«

»Etwas Vertrauen gehört schon dazu, wenn man sich von Fremden etwas servieren lässt«, antwortete der Alte.

»Auch wieder wahr«, gab Leon zu. »Ist ja eigentlich in jeder Bar so.«

Die Drinks schmeckten nach Maracuja und Ananas. Paula kaute eine Salzstange. Was für ein Glück sie hatten. Der erste Weihnachtsabend war zu einem kleinen Ereignis geworden. Und alles nur, weil sie so neugierig war. Sie freute sich schon darauf, ihren Freundinnen davon zu erzählen. Schließlich verabschiedeten sich Paula und Leon wortreich von Gernot und ließen sich den kurzen Weg zum Ausgang der Ausstellung beschreiben. Gernot blieb zurück, um den Tresen aufzuräumen.

»Nicht einmal das blöde Handylicht haben wir gebraucht«, jubelte Paula, als sie wieder in die Eingangshalle traten. Dabei strahlte sie von einem Ohr zum anderen. Das war ein Ausflug nach ihrem Geschmack. Aufregend und überraschend.

»Verrückte Nudel«, lachte Leon und pikste sie mit dem Finger in die Seite. »Aber so einen Mist bauen wir nicht noch mal.«

»Abwarten«, gab Paula zurück.

Sie gingen durch das Foyer und entdeckten einen Mann vom Wachdienst an der Eingangstür.

»Nicht abschließen«, rief Paula ihm zu. »Wir wollen auch noch mit raus. Und einer von den Tourführern ist auch noch drin.«

Der Mann drehte den Kopf. Er war nicht besonders groß, neigte zu einem Ansatz von Hüftgold und trug sein spärliches Haar in Strähnen über den sonst kahlen Schädel gekämmt. Seine Uniform war dunkelblau oder schwarz. Bei dem spärlichen Licht in der Halle war das schwer zu unterscheiden. »Ach ja?«, fragte der Mann. »Welcher Führer soll das denn sein?«

»Gernot«, antwortete Paula.

»Kenne ich nicht. Und euch kenne ich auch nicht. Was macht ihr hier überhaupt? Wohl eingebrochen, was? Und mir nun eine Geschichte auftischen.«

»Nein«, empörte Paula sich. »Wir wurden eingeladen.«

Nun zahlte sich aus, dass sie Gernot getroffen hatten. Wahrheitsgetreu erzählte sie dem Wachmann von ihrer geführten Tour durch die Ausstellung. Nur den Anfang ließ sie weg.

»Ich musste von der Zentrale extra herkommen, weil bei uns der Alarm losgegangen ist. Das wart offenbar ihr.«

»Nein, bestimmt nicht. Gernot hat doch aufgeschlossen«, behauptete Paula, obwohl sie es selbst nicht genau wusste.

»Gernot *wer* noch mal?«

»Den Nachnamen kenne ich nicht.«

»Da ist also noch einer drin und nimmt den Laden auseinander, meinst du? Na, das werden wir gleich haben. Mitkommen!«

Mit ausgebreiteten Armen trieb der Wachmann Paula und Leon zum Kassenhäuschen. Er schloss es auf und öffnete einen Schrank mit mehreren Monitoren. Grüne, graue und weiße Flächen zeigten darauf die Räume, durch die Paula und Leon eben noch spaziert waren. Auch die Bar war auf einem der Bildschirme zu sehen.

»Niemand da«, stellte der Wachmann fest. »Da habt ihr aber noch mal Glück gehabt. Und nun lügt mich nicht weiter an. Was habt ihr hier gemacht?«

»Nichts. Ganz ehrlich. Gernot hat uns durch die Ausstellung geführt. Weil Weihnachten ist.«

»Eine Privatführung«, sprang Leon seiner Freundin zur Seite.

»So was gibt's hier nicht«, widersprach der Wachmann. »Wie sieht dieser Gernot denn aus?«

»Woher sollen wir das wissen? Es ist doch dunkel da drinnen.«

»Ich denke, er hat euch mit reingenommen.«

Vorsicht, Falle, dachte Paula. »Wir haben uns in der Ausstellung getroffen.«

»Dann wart also doch ihr es, die die Eingangstür geknackt haben.«

»Nein. Die war nicht abgeschlossen, als wir herkamen. Ehrlich nicht«, versicherte Leon und sah Hilfe suchend zu Paula.

»Gernot ist blind«, übernahm diese das Wort. »Wenn Ihnen das weiterhilft. Ein alter Mann. Der Stimme nach vielleicht 70 Jahre oder älter.«

Der Wachmann schüttelte den Kopf. »So alte Leute arbeiten hier nicht. Aber ich kann mich an einen komischen Kauz erinnern, der die Ausstellung nach Feierabend immer noch mal unbedingt ablaufen wollte. Keine Ahnung, wie der hieß. Groß, alt und blind, das kommt jedenfalls hin. Hat er euch etwas von einem kleinen Mädchen erzählt, das er angeblich sucht?«

Paula schüttelte den Kopf. »Nein.«

»Deshalb ist er nämlich immer wieder hergekommen. Sie war wohl seine Enkeltochter. Er meinte, sie sei hier in der Ausstellung verschwunden. Auf einer Tour, die er mit ihr gegangen war. Es gab damals sogar eine polizeiliche Untersuchung. Aber beweisen konnte der Alte nicht, dass er bei seinem ersten Besuch ein kleines Mädchen dabeihatte. Wie gesagt, danach ist er immer wieder hergekommen, um nach dem Kind zu suchen. Wir haben ihn gelassen. Aber natürlich hat er nie etwas gefunden.«

»Und dann?«, fragte Paula.

»Und dann kam er nicht mehr. Denn er ist gestorben.«

»Wer – Gernot?«

»Wenn er so hieß.«

»Das kann nicht sein«, meinte Leon. »Der Gernot da drinnen lebt jedenfalls noch. Wir haben ja mit ihm gesprochen.«

Der Wachmann schaltete die Monitore wieder aus und schloss den Schrank. »Also Kinder, ich habe keine Lust auf viel Papierkram. Wir haben Weihnachten. Ich tue das hier als schlechten Scherz ab, und ihr verschwindet einfach. Seid ihr damit einverstanden? Kaputt scheint ja nichts zu sein.«

Leon öffnete den Mund, ohne etwas zu sagen.

»Aber ich verstehe das nicht«, stellte Paula für ihn fest.

»Dass ich euch einfach laufenlasse? Das verstehe ich selbst nicht ganz.« Der Blick des Wachmanns wanderte von Paula zu Leon. Dann runzelte er die Stirn. »Bin eben ein guter Mensch. Also ab mit euch. Ich will abschließen.«

Schweigend gingen die drei durch das Foyer. Paula warf einen Blick zurück, wusste aber nicht, was sie noch sagen sollte. Die Überwachungskameras hatten gezeigt, dass niemand mehr in den Ausstellungsräumen war. Auch kein blinder Gernot.

»Das Komische an der Geschichte ist«, sagte der Wachmann, als er die große Tür von außen zudrückte und seinen Schlüssel mehrfach im Schloss umdrehte. »Manchmal erzählen Besucher, dass sie in der Ausstellung von einer kleinen kalten Hand angefasst wurden. So klein wie die Hand eines Kindes. Aber natürlich muss das Einbildung sein.« Der Mann stemmte die Hände in die Hüften, legte den Kopf in den Nacken und atmete die kalte Nachtluft ein. Dann sah er wieder das junge Pärchen an.

»Also«, sagte er, »noch schöne Weihnachten euch zwei. Und fangt ab jetzt etwas Besseres mit eurer Zeit an, als durch leere Straßen zu spazieren und an fremden Türen zu rütteln. Ich jedenfalls hätte es in eurem Alter getan.« Der Mann zwinkerte Leon zu.

Paula und Leon sahen zu, wie der Wachmann einen Kleinwagen bestieg, der am Kantstein geparkt war, und davonbrauste. Mit etwas Abstand gingen sie dann über das feucht funkelnde Kopfsteinpflaster zurück Richtung Landungsbrücken. Dort musste trotz der späten

Stunde noch eine Bahn oder ein Bus fahren. Plötzlich schlug Leon beide Hände zusammen, dass es nur so krachte, und lachte hell auf. »Da wäre ich den beiden Kerlen doch beinah auf den Leim gegangen. Eine schöne Schauergeschichte haben sie sich ausgedacht. Aber nun ist mir alles klar. Die beiden stecken unter einer Decke. Gernot und der Wachmann. Die Tür haben sie natürlich mit Absicht nicht abgeschlossen. Um neugierige Besucher reinzulocken. So wie uns. Und warum? Natürlich, um uns dann so richtig schön zu erschrecken. Gernot ist durch eine andere Tür rausgegangen, während der Wachmann uns ins Kassenhäuschen geführt und die, oh Wunder, natürlich leeren Räume auf den Überwachungsmonitoren gezeigt hat. Dazu diese Mär von dem verschwundenen Mädchen. Ich gebe zu, mich hat es ganz schön gegruselt. Dass ein Kind in der Finsternis verschwindet und nie wieder auftaucht, ist eine ziemlich gemeine Vorstellung. Und dass Gernot nicht von den Kameras aufgespürt werden konnte, hat mich dann komplett überrumpelt. Geschickt gemacht. Ich wette, die beiden hocken jetzt zusammen und feixen sich eins. Nur gut, dass wir nicht im Dunkeln rumgemacht haben. Stell dir das mal auf den Monitoren vor.« Leon schüttelte den Kopf. »Hätte große Lust, zurückzugehen und denen zu sagen, dass wir ihre Charade durchschaut haben. Was denkst du? Oder lassen wir ihnen den Spaß, weil Weihnachten ist?«

Paula war ein paar Schritte vor ihm, sodass Leon die meiste Zeit mit ihrem Rücken gesprochen hatte. Nun legte er einen Zahn zu, um wieder aufzuholen.

»Ich habe nur eine Frage«, erwiderte Paula leise. »Hast du da drinnen, kurz bevor wir aufs Floß gestiegen sind und auch danach noch …« Ihr Atem zeichnete Kringel in die frostige Nacht, dann drehte sie sich langsam zu Leon um. »Hast du mich da bei der Hand genommen und bist so mit mir durch die Dunkelheit gegangen?« Paula dachte an das kleine kalte Etwas, das sich in ihre Hand gelegt hatte. Leon brauchte nicht zu antworten. Denn sein Blick sagte ihr, dass er keine Ahnung hatte, wovon sie sprach.

WAIDMANNS DANK

Der Vollmond tauchte das Land in silbriges Licht. Schneebedeckte Bäume leuchteten wie Laternen. Es knirschte bei jedem Schritt des Jägers. Am Tage war der Schnee leicht angetaut, um nach Sonnenuntergang eine nicht einmal einen Millimeter dicke Eisdecke zu bilden, durch die die Schuhe des Mannes brachen, um dann halb darunter zu versinken. Der Jäger trug fingerlose Wollhandschuhe und ein Repetiergewehr mit Holzschaft, Kaliber .22. Eine Sportwaffe, die in Schießscheiben 5,6 Millimeter große Löcher hinterließ. Wenn der Schütze gut war, sogar noch in einer Entfernung von über 100 Metern. Dazu wurde ein Zielfernrohr in eine gefräste Halterung geschraubt. Das Gewehr war nicht direkt für die Jagd gedacht, aber Dachs, Fuchs und Kaninchen konnte es durchaus den Lebensfaden abschneiden.

Der Mann wusste, dass er ein Verfahren an den Hals bekommen würde, wenn man ihn mit dem Gewehr erwischte. Und dies nicht nur, weil er in einem Naturschutzgebiet unterwegs war. Auch seine Waffenbesitzkarte war nicht mehr gültig, weil regelmäßiger Alkoholkonsum einer Verlängerung entgegenstand. Leider hatte er sich im Schießsportverein mit einem Flachmann erwischen lassen. Dort brauchte er sich seitdem nicht mehr blicken zu lassen. Sein Gewehr und die Patronen hatte er trotzdem behalten. Nüchtern betrachtet war es ein ziemliches Risiko, mit dem Gewehr durch das Hochmoor zu schleichen. Aber nüchtern zu sein, war einfach nicht seine Stärke.

Kurz vor Mitternacht war er auf die Idee mit der Pirsch gekommen. Wie schön wäre es, wenn der Duft von Kaninchenbraten seine Hütte erfüllen würde, hatte er gedacht. Vom Kleingartenverein am Stadtrand aus konnte er das Wittmoor in weniger als einer halben Stunde zu Fuß erreichen. Sein Atem war beim Marschieren in der kalten Luft deutlich zu sehen. Erst als er von der Straße auf einen Bohlenweg wechselte, wickelte er das Gewehr aus dem zur Tarnung benutzten Bettlaken. Trotz des Mondscheins war es in der Birkenschonung, die er dann durchschritt, unerwartet dunkel. Er musste vorsichtig gehen. Zwar war der Boden durch tagelangen Dauerfrost recht hart, aber die freien Wasserflächen des Moors waren noch nicht komplett zu Eis erstarrt. Der Mann stolperte kurz. Dann erreichte er endlich eine passende Stelle, um auf Wild ansitzen zu können.

Vor ihm lag eine große Lichtung, vielleicht 50 oder 60 Meter breit, hinter der sich ein Birkenhain erstreckte. Der Jäger pustete sich in die Hände, öffnete seinen Rucksack und holte eine Schnapsflasche heraus. Nur einen kleinen Schluck zum Warmwerden. Mehr brauchte er nicht. Zielwasser, sozusagen. Anschließend steckte er die Flasche wieder weg und breitete das mitgebrachte

Bettlaken unter sich aus, um nicht direkt im Schnee sitzen zu müssen. Achtsam schraubte er das Zielfernrohr auf das Gewehr. Sein Blick wanderte über die weiße Ebene, während er mit dem Zuschieber die erste Patrone in den Lauf transportierte. Dann legte er ein Auge an die Zielvorrichtung. Viele Jäger lauerten dem Wild mittlerweile mit Nachtsichtgeräten auf, wusste er. Doch bei diesem wunderbaren Vollmondlicht war das gar nicht nötig.

Der Mann schob das Bettlaken dichter an einen Birkenstamm, setzte sich und lehnte den Rücken dagegen. Kälte kroch ihm in den Körper. Er hätte eine Rettungsdecke aus seinem Erste-Hilfe-Koffer mitnehmen sollen, denn die isolierte bestimmt wesentlich besser als das Baumwolllaken. Aber daran hatte er nicht gedacht. Und vielleicht war es auch gut so. Die reflektierende Oberfläche der Folie hätte das Wild sonst nur auf ihn aufmerksam gemacht. Außerdem wollte er hier sowieso nicht lange sitzen.

Nach weniger als zehn Minuten griff der Mann wieder zur Schnapsflasche. Statt an Kaninchenbraten musste er nun an den gemütlichen Sessel denken, in dem er früher so gerne mit einem Glas Whiskey am Kaminofen gesessen hatte. Bevor die Kinder kamen, lebten er und Karin in einer Zweizimmerwohnung. Im Nachhinein betrachtet ihre schönste Zeit. Doch mit dem Nachwuchs gab es auch mehr Platzbedarf, weshalb sie in ein hübsches Einfamilienhaus in Hamburg-Sasel umgezogen waren. Karin sagte, es müsse sein. Fortan hatte der Kampf um die monatliche Rückzahlung des etwas überdimensionierten Kredits begonnen. Natürlich war das Glück von Karin und den Kindern alle Mühen wert gewesen. Aber leicht war es nie.

Tim und Finn. Er liebte die beiden Jungen, egal wie viel Ärger sie machten und egal wie oft er sie anschreien musste. Sein eigener Vater hätte den Gürtel genommen. Das hatte er bei Tim und Finn nie getan. Aber wenn die Jungen nicht gehorchten, musste man ihnen doch mal sagen dürfen, wo es langging. Wieso konnte Karin das nicht verstehen? Wieso war sie bei dieser Sache nicht ein einziges Mal auf seiner Seite gewesen?

Dann kam der Verlust seiner Arbeit und immer öfter ein Blick zu tief ins Glas. Oder war es andersherum gewesen? Kann auch sein.

War er zu faul gewesen, um neue Arbeit zu finden? – Vielleicht.

Hatte Karin an seiner statt das Geldverdienen übernommen, neben Kindern und Haushalt? – Schon möglich.

Aber musste deshalb das ewige Gezeter sein?

Dann war er in das Kleingartenhäuschen gezogen. Freiwillig. Um seine Ruhe zu haben. Damals kam es ihm wie eine gute Idee vor. Aber irgendwie hatte Karin ihn auch dazu gebracht, dies zu glauben. Sie hatte ihn subtil bearbeitet und manipuliert. Einen Weg zurück ins Haus hatte es für ihn danach nicht mehr gegeben. Aus ein paar Monaten waren erst ein Jahr, dann zwei geworden. Selbst an Heiligabend war er nicht mehr willkommen in dem hübschen Haus in der Neubausiedlung. Und die Jungen wollten ihn dieses Jahr an Weihnachten nicht einmal mehr besuchen. Auch gut. Er hatte sowieso kein Geld für Geschenke.

Tim und Finn … wisst ihr denn nicht, dass ich euch lieb habe?

Der Mann griff noch einmal zur Flasche. Tränen traten in seine Augen. Dann hörte er ein Geräusch von der anderen Seite der Freifläche. Er schraubte die Flasche zu. Leise.

Er lauschte.

Da. Wieder.

Langsam drehte er sich über die Schulter, griff zur Waffe, die er neben sich gegen den Baumstamm gestellt hatte. Ein Ast knackte.

Das musste etwas Größeres sein. Keinesfalls ein Kaninchen. Vielleicht ein Reh? Oder ein Wildschwein? Bei Letzterem musste er vorsichtig sein. Mit einem Wildschwein war nicht zu spaßen. Aber bei einem Reh würde sich ein Schuss lohnen.

Die Freifläche war nicht allzu groß. Beim Scheibenschießen war der Mann auf 50, 75 und 100 Metern zielsicher. Das Gewehr hatte eine Mündungsgeschwindigkeit von 400 Metern pro Sekunde. Fast doppelt so schnell wie der Schall. Das Tier würde nicht einmal den Knall hören.

Lass es bitte ein Reh sein.

Und wie schaffst du das Tier anschließend zur Hütte?

Darüber denke ich später nach. Ich muss ja auch nicht alles mitnehmen. Zur Not kann ich den Rest im Schnee vergraben.

Zuerst suchte der Mann das Unterholz jenseits der

Lichtung mit bloßem Auge ab. Dann nahm er das Zielfernrohr zu Hilfe. Dazu hielt er den Vorderschaft des Gewehrs in der linken Hand und drückte den Kolben gegen seine Schulter. Die rechte Hand ballte er mehrfach schnell zur Faust, damit der Blutfluss angeregt und die Finger wieder beweglich wurden.

Zeig dich, mein Rehlein.

Der Mann sah eine Bewegung. Etwas hob sich vom Rest des dunklen Hintergrunds ab. Wo sonst nur schwarz zu sein schien, erkannte der Mann ein sich langsam bewegendes Grau. Es sah aus wie ein Reh, das mit gesenktem Kopf im Schnee nach Grashalmen suchte. Auf alle Fälle war es größer als ein Wildschwein.

Denk dran, wenn du das Wild nicht richtig triffst, läuft es im Wald davon. Da drinnen findest du es nicht wieder.

Keine Sorge. Ich werde schon treffen. Ich treffe doch immer.

Der Mann entsicherte die Waffe.

Du weißt, dass du nur einen Schuss hast. Mehr kannst du dir hier nicht leisten. Naturschutzgebiet hin oder her. Wir sind noch immer halb in Hamburg. Die Grenze zu Schleswig-Holstein verläuft direkt durch das Moor. Und die nächsten Häuser sind nicht weit.

Mehr als einen Schuss brauche ich nicht.

Der Mann ließ die Luft aus den Lungen entweichen. Der Abzugswiderstand war mit dem Zeigefinger leicht zu überwinden. Der Schlagbolzen wurde ausgelöst und das Projektil aus dem Lauf befördert. Ein Blitz schoss über das Hochmoor.

Der Mann setzte das Gewehr ab. Durch den Schuss hatte er nicht gehört, ob auf der anderen Seite der Freifläche etwas getroffen und zu Boden gefallen war. Aber er glaubte, etwas in dieser Art gesehen zu haben, und johlte auf. »Das wird ein Braten.«

Beim Durchladen flog die leere Patronenhülse davon. Automatisch senkte der Mann den Blick. Ein Loch im Schnee zeigte ihm, wo er suchen musste. Dabei verlor er den Birkensaum kurz aus den Augen und musste sich danach neu orientieren. Langsam stapfte er über die Lichtung. Mit der zweiten Patrone im Lauf fühlte er sich sicher.

Wieder hörte er es im Unterholz knacken. Den zweiten Schuss setzte er ungewollt aus der Hüfte ab. Verdammt, er hatte die Flügelsicherung vergessen. Trotz der klaren Nachtluft vernebelte ihm der Schnaps das Gehirn.

Reiß dich zusammen.

Schnell lud der Mann erneut nach, um sich im schlimmsten Fall gegen einen heranstürmenden Keiler wehren zu können. Dann hörte er vor sich etwas jammern und stöhnen. Tiere konnten ja so menschlich klingen, wenn sie Schmerzen litten. Der Nachtwind spielte mit einer Feder und trieb diese in seine Richtung. Hatte er etwa einen Vogel erwischt? Unmöglich. So groß war doch kein heimischer Vogel.

Am Rande des Birkenhains entdeckte er dann eine aufgeplatzte Daunenjacke. Weiße Federn verteilten sich rund um ein Einschussloch. In der Jacke steckte ein Mann, der dem Jäger mit verständnislosen Augen entgegensah. Kein Wort drang aus seinem offen stehenden Mund.

Der Jäger brauchte eine Weile, um die Situation zu erfassen. Er dachte an Blaulicht, Handschellen und Gefängnis. Er konnte keine Hilfe holen, ohne sich selbst zu verraten. Würde der angeschossene Mann überhaupt noch leben, wenn die Rettungskräfte eintrafen? Sein Atem ging flach und unregelmäßig. Mit einer Hand hielt er die verknoteten Henkel eines Jutebeutels fest. Der Jäger war von Natur aus nicht besonders neugierig, doch die Art, wie der Angeschossene die Henkel umklammerte, wirkte auf ihn irgendwie unnatürlich. Wieso ließ der Mann den Beutel nicht einfach los? Immerhin hatte ihn gerade ein Schuss von den Beinen gefegt.

Der Jäger stellte den Hinterschaft seiner Waffe in den Schnee und kniete sich auf ein Bein. Als er nach dem Beutel griff, schlossen sich die Finger des Verwundeten noch enger um die Henkel. Doch er war zu schwach, um zu verhindern, dass der Jäger den Beutel zu sich zog. Er öffnete den Knoten. Schon wehte ein leichter Windstoß mehrere Geldscheine in die Nacht. Der Jäger ließ das Gewehr nun ganz in den Schnee fallen, fischte die Ausreißer aus der Luft, stopfte sie zurück in den Beutel und versuchte zu schätzen, wie viele Artgenossen sie hatten. Viele Fünfziger und Hunderter und Zweihunderter steckten in der Tasche. Nicht gebündelt. Jemand hatte sie einfach so in die Tasche gestopft. Trotzdem musste es ein kleines Vermögen sein. Vielleicht 50.000, eher 100.000 Euro. Unglaublich. Das Herz des Jägers machte einen Hüpfer.

Er dachte an die Spuren, die er im Schnee hinterlassen hatte. Zum Glück hatte er die leere Patronenhülse gleich gefunden und aufgehoben. Schon mal kein Beweisstück, das zu ihm führte. Der Mann, dem der Beutel gehörte, starrte ihn zwar noch immer an, aber das Mondlicht kam von hinten. Wie gut konnte er das Gesicht des Jägers sehen? Und falls er überlebte, würde er den Verlust der Polizei melden? So viel Bargeld in einem billigen Jutebeutel sprach irgendwie dagegen. Bestimmt war es gestohlen. Womöglich lag irgendwo eine reiche Witwe in ihrem eigenen Blut, und die Tür zu einem kleinen Safe in ihrem Schlafzimmer stand offen. War es da nicht nur gerecht, das Geld an sich zu nehmen? Irgendein Verbrechen steckte auf alle Fälle dahinter.

Der Jäger knotete den Beutel wieder zu, fischte seine Waffe aus dem Schnee und richtete sich auf. Das Gewehr in der linken Hand und den Jutebeutel in der rechten ging er den Weg zurück, den er gekommen war. Bei der dürren Birke, an der er gelagert hatte, sammelte er das Bettlaken ein, umwickelte damit das Gewehr und sah noch einmal über die schimmernde Freifläche. Auf der anderen Seite konnte er im Schatten des kleinen Wäldchens den angeschossenen Mann nicht mehr erkennen. Pech für ihn, dass er dort wie ein Reh herumgeschlichen war. Aber Glück für den Jäger. Mit so viel Geld würde er sich nicht nur einen schönen Braten kaufen können, nachträgliche Weihnachtsgeschenke für Tim und Finn waren nun locker auch noch drin.

DIE ENGELMACHERIN

Tränen füllten Maries Augen, als sie die mit Schokolade, Marzipan und Nüssen befüllten Schuhe neben der Wohnungstür stehen sah. Natürlich war es nicht der Nikolaus, der sich heimlich ins Haus geschlichen und neben den Süßigkeiten auch noch einen Liebesschmöker in Maries Stiefel gesteckt hatte. Ihre Mutter musste alles nach der Spätschicht im Supermarkt noch so schön hergerichtet haben. Automatisch ging Maries Blick zur Fensterbank. Auch dort hatte Mutti in der Nacht geschmückt, während Marie schlief. Wie jedes Jahr lagen Mandarinen und Äpfel neben Maries ledernen Erstlingsschühchen. Ein Stich traf die 15-Jährige im Unterleib, und ein saurer Geschmack bildete sich in ihrem Mund. Wenn ich dir nur alles erzählen könnte, Mama, dachte sie.

Marie ging kurz zurück in die Küche, nahm zuerst den Roman aus dem Stiefel und schüttete die Leckereien dann auf einen Suppenteller. Als sie mit offener Jacke aus dem Haus trat, war es noch dunkel. Nieselregen befeuchtete ihr Gesicht und legte einen Schleier über ihre Haare. Sie lief zur Bushaltestelle und wurde um 7.30 Uhr vor der Schule abgesetzt. Die Lichter hinter den Fenstern schimmerten gelblich. In der Aula hing ein riesiger Adventskranz von der Decke. Im Klassenraum waren echte Kerzen verboten, doch die Lehrer ließen bis zum Hellwerden künstliche Teelichter zu. Marie empfand diese erste Schulstunde in der Vorweihnachtszeit schon immer als besonders schön. Auch die Stimmen ihrer Mitschüler schienen dann gedämpfter als sonst. Doch heute griff im schummrigen Licht eine unbekannte Schwere nach Marie, denn sie war schwanger, und niemand außer Karl durfte es wissen.

Karl war 22. Sie kannten sich vom Sport. Marie ging als Kunstturnerin dreimal wöchentlich in den Fitnessklub. Karl war dann auch immer da. Ihm ging es ums Definieren seines wunderschönen Körpers. Marie war mächtig verliebt. Obwohl er so stark war, konnte Karl auch liebevoll und zärtlich sein. Es war trotz des Altersunterschieds scheinbar die perfekte Liaison. Er mit seinem dunklen Teint und den schwarzen Haaren, sie hellblond und mit schneeweißer Haut. Nur schwanger hätte sie nicht werden dürfen.

Auf dem Schwebebalken zählte jedes zusätzliche Gramm. Eine Wassermelone auf Höhe des Körperschwerpunkts war da mehr als hinderlich. Hinzu kam die Sache mit Karls Vater. Als Sohn von Einwanderern hatte dieser es bis in die Hamburger Bürgerschaft geschafft. Auf dem Weg dahin hatte er sich eine deutsche Frau genommen, seinen wunderschön melodisch klingenden Nachnamen bei der Heirat gegen Möller eingetauscht und seinen einzigen Sohn Karl Magnus genannt. Im Frühjahr sollte Karls Vater bei den Bürgerschaftswahlen für seine konservative Partei als Spitzenkandidat antreten. Das Amt des Hamburger Oberbürgermeisters schien greifbar nahe. Nicht schlecht für einen Jungen, dessen Eltern noch immer schlechtes Deutsch sprachen und der sein Abitur auf dem zweiten Bildungsweg nachgeholt hatte. Die perfekte Integration. Nur einen Skandal konnte er jetzt nicht gebrauchen. Karl Magnus hatte dies Marie eindrücklich erklärt. Ihr Altersunterschied war das Problem; sie unter 16, er über 21. Ein Straftatbestand stand im Raum. »Du weißt, ich liebe dich. Aber wir dürfen es jetzt noch niemandem zeigen. Und ein Kind können wir nicht verstecken.«

Marie sah das ein, und gleichzeitig sah sie es auch nicht ein. »Die Julia aus *Romeo und Julia* war erst 13.«

Karl Magnus nickte, als sie dies zu bedenken gab. »Und ist die Geschichte gut ausgegangen?«, fragte er dann.

Natürlich war sie es nicht. Es wurde ein Drama.

»Also Abtreibung?«, fragte sie mit gesenkten Augen.

»Ich sehe keinen anderen Weg. Aber wenn du 16 bist, kann uns keiner mehr was.«

Und wenn dein Vater erst mal sicher auf dem Stuhl des Bürgermeisters sitzt, dachte Marie im Klassenzimmer, während ihr der Dialog immer und immer wieder durch den Kopf ging. Wie sie so den Schultag durchstehen sollte, wusste sie nicht. Den Kontakt mit ihren Freundinnen mied sie jedenfalls. Endlich klingelte es zum letzten Mal, und Marie konnte der Bildungsanstalt entfliehen. Karl Magnus erwartete sie an der niedrigen Schulmauer. Er hatte ein Nikolausgeschenk für sie dabei. Wie süß: ein kleines Stoffrentier mit roter Nase.

Als man sie vom Schulgelände aus nicht mehr sehen konnte, küsste er sie endlich.

Karl Magnus hatte Marie bewusst vor der Schule abgefangen. Er wollte nicht, dass sie noch einmal nach Hause ging und es sich vielleicht anders überlegte. Der Termin, der ihr Unglück rückgängig machen sollte, war am späten Nachmittag. Lang genug hin, um alle Absprachen über den Haufen zu werfen. Marie wirkte immer so verständig, aber wusste er, was ihr im letzten Moment noch einfiele?

Karl Magnus brachte Marie in die Innenstadt. Doch Shoppen interessierte seine Freundin heute nicht. Selbst die Weihnachtsparade mit einer Tanzgruppe Elfen, einem Spielmannszug mit Nikolausmützen und einer Schneekönigin, die auf einem Festwagen durch die Mönckebergstraße fuhr, ließ Marie merkwürdig unberührt, während die Menschen links und rechts am Straßenrand begeistert zusahen. Dann bemerkte Karl Magnus, wie Maries Blick an einem Mann hängen blieb, auf dessen Schultern ein kleines Mädchen saß. Vielleicht drei Jahre alt, schaukelte es mit den kurzen Beinchen zur Musik. Das Kind steckte in dicker Winterkleidung und hatte eine Wollmütze auf dem Kopf, die das runde süße Gesicht mit seiner roten Stupsnase besonders zur Geltung brachte. Es war klar, was das bei Marie auslösen musste. Deshalb nahm Karl Magnus schnell ihre Hand und zog sie aus dem heiteren Trubel weg. Er musste ihr etwas Eindrucksvolles bieten, um sie abzulenken. In der Speicherstadt gab es ein Gruselkabinett mit Wachsfiguren, fantasievollen Folterinstrumenten und Spielszenen mit echten Schauspielern. Nichts für schwache Nerven. Aber eine Möglichkeit, um Marie für die zwei Stunden, die sie noch auf ihren Termin warten mussten, auf andere Gedanken zu bringen.

»Wusstest du, dass die Speicherstadt der weltgrößte historische Lagerkomplex ist? Und Weltkulturerbe der *UNESCO*?«, fragte Karl Magnus, als sie auf einer schmalen Holzbrücke über einen Fleet gingen. Die zur Innenstadt gerichtete Seitenfront der ineinander übergehenden Lagerhäuser aus dunkelrotem Ziegelstein wirkte düster und mächtig. Bei diesem Anblick fühlte man sich sofort in ein anderes Jahrhundert versetzt.

»Ja, weiß ich«, erwiderte Marie knapp. »Warum sind wir hier?«

»Weil es spannend ist.« Karl Magnus führte Marie eine Treppe hinunter. In goldenen Lettern stand der Name des Gruselkabinetts über einem Eingang mit hohen schmalen Türen. Der 22-Jährige bezahlte den Eintritt, nahm die Hand seiner viel jüngeren Freundin und zog sie durch die Flure der Ausstellung. Plötzlich stand vor ihnen eine düster aussehende Guillotine. Es war ein originalgetreuer Nachbau der Tötungsmaschine aus dem Untersuchungsgefängnis Holstenglacis, unter deren Fallbeil Hunderte starben. Die letzten beiden Delinquenten 1949, zwei Wochen, bevor die Todesstrafe durch das Grundgesetz auch in Hamburg abgeschafft wurde.

»Leg mal deine Hand in die Mulde«, forderte Karl Magnus mit gesenkter Stimme, um es schön schaurig klingen zu lassen.

Marie schüttelte den Kopf.

»Komm schon. Sei mal etwas mutig. Auf dem Schwebebalken ist es gefährlicher.«

»Dann leg du doch deine Hand da rein.«

»Soll ich?« Karl Magnus machte ein nachdenkliches Gesicht. »Denkst wohl, ich traue mich nicht.«

Er zögerte der Dramatik halber, sah Marie an, sah die Guillotine an. »Du wurdest auf das Brett da geschnallt und dann nach vorn geschoben, bis dein Hals in der Mulde lag«, erklärte Karl Magnus den Mechanismus der Maschine. »Von oben wurde das Gegenstück befestigt, und schon konnte es losgehen. Das Ding hat ein Arzt zu Beginn der französischen Revolution erfunden, damit die Verurteilten nicht unnötig leiden mussten. Dein Kopf ist ab, bevor du es überhaupt mitkriegst. Aber das hier ist ja nur ein Nachbau.«

Karl Magnus trat seitlich an die Maschine heran, setzte sich auf die Holzumrandung vor der Falleinrichtung und streckte seinen Arm durch die kreisrunde Öffnung. Nur einen Sekundenbruchteil später fiel das Beil mit einem Höllenlärm entlang der beiden Führungsschienen hinunter. Karl Magnus stöhnte auf, und Marie schrie. Eine Lichtschranke hatte den Mechanismus der Guillotine ausgelöst, doch das Fallbeil blieb auf halber Strecke stecken. Marie fasste sich mit beiden Händen an den Bauch und ging fast in die Knie, während Karl Magnus herzlich auflachte. Schnell zog er seinen Arm zurück und zeigte ihn seiner Freundin.

»Nix passiert«, stellte er noch immer lachend fest. »Das Ding ist völlig sicher. Macht nur einen fürchterlichen Lärm. Die Schneide ist sogar aus Gummi. Für alle Fälle.«

Schnell machte Marie einen Schritt vorwärts und schlug Karl Magnus mit der flachen Hand an den Hinterkopf. »Hoffentlich tut wenigstens das weh!«

»He«, stöhnte er auf und rieb sich den Kopf. »War doch nur Spaß.«

Finsternis fiel über das Land, als sie das Gruselkabinett wieder verließen und Maries schwerer Gang begann. Den ganzen Tag hatte sich die Sonne hinter einer erdrückenden Dunstwolke versteckt, die über der Stadt lag. Ihr Licht war nicht mehr als der Schein einer schwachen Taschenlampe hinter einem Leichentuch gewesen. Nun war die Sonne ganz versunken. Auch die Fleete, die die Speicherstadt wie Lebensadern durchzogen, waren trockengefallen. Schwer vorstellbar, dass die Flut sie in einigen Stunden wieder zu Wasserstraßen machen würde. Karl Magnus hielt Maries Hand, trotzdem flatterten ihre Nerven. Als sie schließlich tief im Hafengebiet auf den Hof eines Trödelhändlers traten, führte ihr Weg durch einen Korridor aus aufeinandergestapelten Fahrrädern und ausrangierten Kühlschränken. Marie konnte nicht glauben, dass sie hier richtig waren.

»Die Adresse stimmt«, versicherte ihr zwei Köpfe größerer Freund. Dann fand er die Türklingel.

»Sollen wir wirklich?«, fragte Marie heiser.

Als Antwort drückte Karl Magnus auf den Knopf. Eine schrille Klingel ertönte.

Ein Anflug von Panik griff nach Marie. Doch die Tür

wurde geöffnet, bevor sie sich von Karl Magnus losreißen und wegrennen konnte. Natürlich hätte sie es sowieso nicht getan. Denn die Vernunft sprach für das Vorhaben. Sonst könnte Karl Magnus ein Verfahren an den Hals bekommen. Er hatte es ihr immer und immer wieder erklärt. Außerdem konnten sie noch immer ein Kind bekommen. Wenn sie mit der Schule fertig war und er mit seinem Studium.

Eine Frau mit knallroten Haaren bat die beiden herein und stellte sich als Petra Ankou vor. Dazu reichte sie erst Marie, dann Karl Magnus die Hand. Ganz automatisch wurde das Paar durch diese Willkommensgeste getrennt. Karl Magnus schien das gar nicht zu bemerken, aber Marie fehlte die Verbundenheit mit ihm sofort.

»Setzt euch!«

Die Stühle standen getrennt voneinander. Das Zimmer war klinisch kalt. Hinter einem Plastikvorhang ließ sich ein OP-Tisch erahnen. Marie fröstelte bei dem Anblick.

»Ihr seid wirklich ein hübsches Pärchen«, stellte Frau Ankou fest und setzte sich den beiden gegenüber. »Bevor wir anfangen, muss ich noch ein paar Dinge wissen. Ihr wart bei der Schwangerschaftsberatung? Gibt es eine Bescheinigung?«

Marie sah ihren Freund an.

»Wir dachten, bei Ihnen brauchen wir das nicht«, antwortete Karl Magnus.

Die Frau nickte. Dazu kreuzte sie die Arme unter der Brust und schlug die Beine übereinander. »Schon richtig. Wer weiß sonst noch von der Schwangerschaft?«

»Niemand.«

»Sicher? Vielleicht eine beste Freundin?« Frau Ankou bewegte die Augen von Karl Magnus zu Marie. Die schüttelte den Kopf.

»Weiß jemand, dass ihr hier seid? Ist mein Name irgendwo gefallen?«

»Nein«, versicherte Karl Magnus. »War doch so am Telefon abgesprochen.«

»Trotzdem muss ich fragen«, erwiderte die Frau und schenkte Marie ein beruhigendes Lächeln. Dann sah sie wieder Karl Magnus an. »Warum dieser Schritt? Gibt es keine andere Möglichkeit? Ihr könntet das Kind bekommen und bei einer Babyklappe abgeben.«

»Das lässt sich unmöglich verheimlichen. Marie ist erst 15.«

»Verstehe. Und eine legale Abtreibung kommt nicht infrage *weil*?«

Offenkundig war Karl Magnus auf solche Fragen nicht vorbereitet. »Weil es nicht geht«, antwortete er ungewollt offen. »Zu viel offizielle Papiere. Mein Name darf da nicht rein. Es darf nicht mal jemand auf die Idee kommen, nach mir zu fragen. Ich kann Ihnen das nicht genau erklären, aber es geht einfach nicht anders. Hier, ich habe auch das Geld mitgebracht. 5.000 in bar. Wie besprochen. Der Preis ist doch noch immer okay?«

Die Frau schwieg einen Moment, bevor sie antwortete. »Mir geht es nicht ums Geld, junger Mann. Ich nehme es nur, um zu sehen, ob meinen Kunden die Sache wirklich ernst ist. Immerhin ein Schritt, der ihr weiteres Leben prägen wird. Das verstehst du doch auch, mein Engelchen?«

Marie bemerkte, dass der Blick der Frau nun auf ihr ruhte. Das Gespräch war bisher irgendwie an ihr vorbeigerauscht. Hitze schoss in ihr Gesicht. Marie wusste nicht, was sie antworten sollte. Warum saß Karl Magnus so weit weg von ihr?

»Na gut«, sagte die Frau nach einer Weile. »Ich merke schon, ihr wisst, was ihr tut. Dann, mein Kind ... Hinter dem Vorhang kannst du deine Sachen ablegen.«

»Alles?«

»Bitte.«

»Wozu das denn?«

»Ich möchte dich vorher einmal ganz sehen. Auch, um das Narkosemittel zu berechnen. Und erschreck dich nicht, wenn du dich auf den Tisch setzt. Er ist etwas kalt.«

Es wäre Karl Magnus lieber gewesen, wenn es eine Tür statt des Vorhangs gegeben hätte. Es war unheimlich, dem Schattenspiel auf dem weißen Plastik zusehen zu müssen. Die Frau sprach mit beruhigender Stimme, während sie Marie vorbereitete. Er sah die Umrisse seiner Freundin, wie sie sich auf den Tisch setzte, wie sie sich hinlegte, wie sich Frau Ankou über sie beugte und die Infusionsnadel legte. Nur langsam entspannte Karl Magnus sich. Marie hatte eine Weile leise gewimmert, nun war das vorbei.

Als Frau Ankou den Vorhang zur Seite schob, lag Maries schlaffer Körper auf dem schimmernden Edelstahltisch. Eine Nadel steckte tatsächlich in ihrem Arm, allerdings führte der Schlauch daran zu keinem Infusionsbeutel, sondern in einen Eimer neben dem Tisch. Karl Magnus verstand nicht recht. Wieso ließ Frau Ankou Maries Blut in einen Eimer laufen?

»Mein lieber Junge«, sagte Frau Ankou zu ihm. »Du musst wissen, dass ich jedes Leben achte. Ich liebe die Menschen und hasse die, die es nicht tun. Ich verachte Menschen, die andere Menschen töten. Doch am schlimmsten sind die, die ihre eigenen Kinder töten. Das darf nicht sein. Menschen, die so etwas tun, haben selbst nicht mehr das Recht zu leben. Wenn sie zu mir kommen, weil sie gehört haben, dass es hier Hilfe gibt, ihre Kinder zu töten, höre ich mir immer ganz genau an, was sie zu erzählen haben. Ich gebe ihnen die Möglichkeit umzudenken. Ich belehre nicht, kläre nur auf. Die Wahl überlasse ich ihnen selbst. Du und dieses Geschöpf dort auf dem Tisch habt euch für das Töten entschieden. Und so ist es der Tod, der euch nun ereilt. Du wunderst dich, dass du nicht aufstehen und wegrennen kannst? Grund ist das Wasser, das ich dir vorhin gegeben habe. Es lässt deinen Herzschlag herunterfahren. Du wirst dich nicht mehr rühren können, bis du an der Reihe bist. Aber zuerst kümmere ich mich um Marie.«

Am 23. Dezember begann es mittags zu schneien, die Menschen hetzten zwischen dicken Flocken hindurch, um letzte Geschenke zu ergattern. Auch in der Speicherstadt wirbelte der Schnee, während sich der Geschäftsführer des Gruselkabinetts von seiner liebsten Künstlerin sein neuestes Exponat zeigen ließ. Mit den beiden Wachsfiguren »Engelchen und Teufelchen« sollte ab dem 2. Januar die neue Schauersaison starten. Die Presse war schon eingeladen.

Der Teufel stand auf einem kleinen Podest und hatte einen wunderbar modulierten Körper. Muskeln zeichneten sich unter glänzend roter Haut ab. Sein Haar war pechschwarz, genau wie die langen Wimpern. Die Ziegenbeine und Hufe, die er von den Knien abwärts trug, und seine langen Bullenhörner, die ihm aus der Stirn zu wachsen schienen, verwiesen darauf, dass Petra Ankou auch eine hervorragende Tierpräparatorin war. Einige ihrer Arbeiten gab es bereits auf der Gruseltour zu sehen. Mit dem Engel aber hatte sich die großartige Künstlerin selbst übertroffen. Dieses unschuldig aussehende Wesen schien mit seiner blassen, fast durchsichtigen Haut wirklich nicht von dieser Welt zu sein. Gespinstartige Flügel ließen das zarte Geschöpf einen Meter über dem Boden schweben. Von den dünnen Drähten, die es dort hielten, war durch die geschickte Beleuchtung fast nichts zu erkennen. Schon stellte sich der Geschäftsführer die staunenden Augen der Besucher vor, und ein Schauer lief ihm über den Rücken. »Frau Ankou«, sagte er bewundernd, »Sie sind wirklich und wahrhaftig eine echte Engelmacherin.«

IN HAMBURG SAGT MAN TSCHÜSS

Konrad Maybach trug feste Schuhe, eine dicke Winterjacke und einen Hut auf dem Kopf. Trotzdem klapperte er mit den Zähnen, als er wie verabredet auf dem kleinen Platz vor dem Millerntor-Stadion auf seinen Stadtführer wartete. Ein beißender Wind zog, von der Elbe kommend, durch die Straßen des Hafenviertels. Maybach versuchte, hinter einem großen FC-St.-Pauli-Emblem aus Beton Schutz zu finden. In der Mitte des Wappens befand sich das bekannte Zeichen der Stadt: eine rote Burg. Mehrere Autos waren bereits auf den kleinen Parkplatz gefahren, von dem es nur wenige Meter zum Fanshop des Fußballvereins waren. Vergeblich hatte Maybach den Fahrern bisher entgegengeblickt. Doch nun tuckerte ein alter Ford Taunus auf den Parkplatz. Solch einen Wagen hatte Maybach seit den späten 80ern nicht mehr gesehen. Das Auto war ein Relikt der Vergangenheit, so wie sein Eigentümer offenbar auch. Der Mann, der aus dem Wagen stieg, war deutlich in den 70ern und groß wie ein Bär. Sein Mantel war viel dünner als der des frierenden Maybach und stand dazu vorn weit offen. Trotzdem schien die beißende Kälte dem Mann nichts anhaben zu können. Konrad Maybach merkte gleich, dass er es mit einem echten Kerl von der Waterkant zu tun hatte. »Moin Moin«, ließ er zur Begrüßung hören, als der Hüne auf ihn zutrat. Dazu streckte er eine Hand aus. »Sagt man hier doch so, oder?«

Sein Gegenüber verzog das Gesicht zu einem breiten Grinsen. »Moin reicht völlig«, verbesserte er und schüttelte Maybachs Hand. »Wer Moin Moin sagt, sabbelt schon.«

»Gleich noch was gelernt«, erwiderte Maybach. »Das andere ist, dass es bei euch in Hamburg arschkalt ist.«

»Wo bist du denn her?«

»Aus Mannem.«

»Hä?«

»Man-nem«, wiederholte Maybach und zog den Namen in die Länge, als würde sein pfälzischer Dialekt dadurch verständlicher.

»Ach, Mannheim«, begriff der Hüne plötzlich. »Und da frierst du dir ausgerechnet hier den Mors in deinem kurzen Jäckchen ab. Sachen gibt's. Na, komm, ich hab 'ne Thermoskanne heißen Tee an Bord. Wie wär's?«

Tee war zwar nicht Maybachs Lieblingsgetränk, trotzdem stimmte er sofort zu, allein schon, um dem Wind zu entkommen. Er schlüpfte auf den Beifahrersitz, schüttelte sich, während ihm ein Kälteschauer den Rücken runterlief, und sah dann zu, wie sein persönlicher Stadtführer eine Kanne mit dampfender Flüssigkeit aufschraubte.

»Hier, ik bün Willi«, sagte der Hüne und reichte Maybach einen Becher. Der schickte einen fragenden Blick zurück. Der Mann neben ihm lachte herzlich. »Ich heiße Willi. Und nun Prost.«

Ein Schluck reichte, damit Wärme in Maybachs Körper zurückkehrte. Anerkennend nickte er. »Das ist aber nicht nur Tee.«

»Ohne einen kleinen Schuss Rum kein echter Tee. Kannste dir auch noch merken.«

»Heiß und lecker, das muss man sagen. Aber ich dachte, da kommt am Rand vorsichtig Sahne rein. Sodass in der Mitte kleine Wölkchen aufsteigen.«

»Das machen die Ostfriesen«, korrigierte Willi. »Falsche Gegend hier.«

»Aber auch am Wasser gelegen.«

Der freundliche Hüne lachte wieder. »Ok am Wasser. Dat stimmt.«

Beide nahmen noch einen Schluck.

»Sie wollen also die alternative Stadtführung haben?«

Alternative Stadtführung, das klang nett. Dabei lautete das Motto der Tour: »Um die Ecke gebracht. Mord und Totschlag in der Hansestadt Hamburg!« Maybach hatte schon immer ein Faible für Krimi und Verbrechen gehabt. Je morbider, desto lieber. Deshalb war er begeistert, als er Willis Website in den Weiten des Netzes gefunden hatte. Darauf versprach das Hamburger Original, Hartgesottene an die Orte mit den schaurigsten Verbrechen der Stadtgeschichte zu bringen.

»Na, denn wüllt wi mol«, sagte Willi, nachdem beide ausgetrunken hatten. Der Stadtführer ließ den alten Taunus an, dessen Auspuffanlage erst einmal ordentlich hustete. Willi bog vom Parkplatz in den fließenden

Verkehr und steuerte die Reeperbahn an. »Die ganzen Schießereien und Morde, die hier passiert sind, sparen wir uns mal. Durchsiebte Rocker, erstochene Luden, erwürgte Dirnen. Die Meile verdient eine eigene Führung. Dafür musst du noch mal wiederkommen. Aber hier, schau mal nach rechts. Das ist der Hamburger Berg. In einer der Kellerkneipen da hat ein Serienmörder betrunkene Frauen aufgelesen, um sie noch betrunkener zu machen und dann zu zerstückeln. Schnapsleichen waren sie ja sowieso schon.« Willi zwinkerte Maybach zu. »Er hat sie mit nach Hause genommen, mit ihnen Spaß gehabt und sie erst später umgebracht. Mit 'ner Fuchsschwanzsäge hat er sie dann zerlegt und die Häppchen überall in seiner Wohnung versteckt. Vier tote Frauen in fünf Jahren. Was glaubst du, wie das da im Haus gerochen hat? Aber die Beschwerden der Anwohner haben niemanden interessiert. Später hat die Polizei einen Berg an Aromasteinen in der Wohnung des Täters gefunden. Aufgeflogen ist der Kerl durch ein Feuer im Haus. Da hat die Feuerwehr die ersten Leichenteile gefunden. Sonst hätte er bestimmt weitergemacht.«

Während Willi erzählte, hatten sie die Reeperbahn hinter sich gelassen und waren bis Ottensen gefahren. In einer Seitenstraße verschnaufte der alte Taunus im Leerlauf. »Das ist das Haus. Unscheinbar, was?«

Es war ein dreigeschossiges Mietshaus mit ausgebautem Dachgeschoss, vor dem sie standen. Die Fassade war mit Graffiti besprüht. Hinter den Fenstern im Erdgeschoss standen Topfpflanzen.

»Gruselig«, stellte Maybach mit glitzernden Augen fest. Vier Frauen ermordet, zerstückelt und in der eigenen Wohnung versteckt. Wie konnte ein Mensch so leben? Da musste man doch Albträume bekommen. Na ja, umziehen ging ja auch irgendwie nicht. Dann hätten sie ihn bestimmt viel eher erwischt, dachte Maybach.

Der Taunus setzte sich wieder in Bewegung. Aber nicht für lange, denn immer wieder musste Willi anhalten, um seinen Geschichtenfundus zu teilen. »Baby vom Balkon geworfen«, erzählte er vor einem Wohnblock mit 14 Stockwerken. »Es hat dem Vater zu viel geschrien. Schließlich hat er es nicht mehr ausgehalten.«

»Was für kaputte Menschen es doch gibt«, befand Maybach mit einem Kopfschütteln.

Dann hielten sie an einem Regenrückhaltebecken. »Toter im Koffer. Seine Kinder haben ihn um die Ecke gebracht und dann hier in den Tümpel geschmissen.«

»Wie bitte?«, empörte Maybach sich. »Bestimmt wegen dem Erbe. Undankbarer geht's wohl nicht. Hoffe, sie wurden ordentlich verknackt.«

»Nee«, widersprach Willi. »Gab einen Freispruch, weil er sie vorher misshandelt hat und es am Ende hieß, er oder sie. Damit war es eine erweiterte Form von Notwehr, und die Kinder wurden freigelassen.«

Kurz danach standen sie vor der verschneiten Hofeinfahrt zu einem ehemaligen Fabrikgelände mit roten Backsteinbauten. Ein Weinhandel und ein Elektronikgeschäft hatten Werbeschilder rausgestellt. Die meisten Gebäude wurden jedoch von einer Spedition genutzt. »Bis vor einigen Jahren gab es hier auch eine Tanzschule«, erzählte der Stadtführer. »Dann hat der Inhaber einen Nebenbuhler umgebracht. Die Frau, um die es ging, belegte erst einen Tanzkurs bei ihm und dann ein paar Privatstunden. Wir verstehen uns! Das fand der ansonsten geduldige Gatte nicht angemessen. Er ist hier mit einer Pistole aufgetaucht, um seinen Kontrahenten und die Ehebrecherin zu erschießen. Doch der Tanzlehrer war geschmeidig und flink. Er hat den Ehemann kommen gesehen und mit einer Schaufel plattgemacht, bevor dieser abdrücken konnte. Wieso in einer Tanzschule eine Schaufel rumsteht, fragst du dich jetzt? Na, wegen der Umbauarbeiten. Der Fußboden sollte neu gemacht werden. Alles war schon vorbereitet. Und so hat das Tanzpärchen den Ehemann über Nacht einbetoniert. Es gab eine Vermisstenanzeige, Suchaktionen und alles, was dazugehört. Die Polizei hat irgendwann ermittelt, dass der Ehemann zuletzt in der Nähe der Tanzschule gesehen wurde. Also holten sie sich einen Durchsuchungsbeschluss beim Richter. Die Leichenspürhunde haben schon vor der Tür angeschlagen. Und dann haben sie ihn gefunden. Unter dem neuen Tanzparkett. Fast ein Jahr haben dort noch Tanzkurse stattgefunden, bevor sie ihn fanden. Und alle haben auf seinem Kopf rumgetanzt. Das nenne ich mal, jemandem richtig die Hörner aufsetzen, oder?«

»Aber dafür wurden die beiden doch sicher schön lange weggesperrt?«, hoffte Maybach. »Sie vielleicht etwas weniger lang, weil nur Beihilfe.«

Der Stadtführer schüttelte den Kopf. »Nee, auch Freispruch. War Selbstverteidigung. Tanzlehrer und Tanzmäuschen haben genau dieselbe Geschichte erzählt. Und die Pistole war auch noch da. Also Notwehr.«

»Gibt's ja nicht.«

»Allerdings.«

Der Taunus zuckelte weiter zur Elbe. »Falkensteiner Ufer«, sagte Willi wie nebenbei. »Angeschwemmte Leichenteile in Plastikbeuteln. Ein Prostituiertenmord. Aber da fahren wir jetzt nicht runter. Es gibt nichts zu sehen außer der Elbe, die an die Uferbefestigung schwappt.«

Stattdessen steuerte der Stadtführer den Elbtunnel an. Das über drei Kilometer lange Bauwerk verschluckte sie wie ein Loch, dann sausten Zehntausende Kacheln an ihnen vorbei. Gelbes Licht spiegelte sich auf der Motorraumhaube und verwandelte die blaue Lackierung in Dunkelgrün.

Konrad Maybach war erfüllt von den Dramen, an denen er bis jetzt schon teilhaben durfte. »Woher weißt du das alles?«, fragte er. »Die ganzen Details, meine ich.«

Willi zuckte mit den Schultern. »40 Jahre als Polizeireporter und Fotograf haben bei mir ihre Spuren hinterlassen. Ich war überall selbst zur Berichterstattung vor Ort. Und auch bei den anschließenden Gerichtsprozessen im Landgericht. Jetzt bin ich in Rente. Aber wenn du so viele Dinge erlebt und gesehen hast, dann lässt es dich nicht mehr los. Und bevor mir der Kopf platzte, kam ich irgendwann auf die Idee mit der etwas anderen Stadtführung. Für morbide Vögel wie dich. Nichts für ungut. Das Grauen fasziniert eben. War schon immer so. Sonst wäre ich ja arbeitslos gewesen.«

Maybach lachte. »Nehme ich nicht persönlich. Wir leben in Zeiten, in denen ein Film über einen intellektuellen Kannibalen den *Oscar* als besten Film des Jahres bekommen hat. Und *True Crime* boomt im Fernsehen. Also, was soll's, bin ich eben ein morbider Vogel. Aber nur einer von vielen.«

»Von sehr vielen«, stimmte Willi grinsend zu, während sie den Tunnel hinter sich ließen und rechts einen Blick auf einen Containerterminal mit geparkten Frachtschiffen bekamen.

»Guck mal, das Hafenbecken«, forderte Willi auf. »Das sehen wir uns gleich noch mal von der anderen Seite aus an.«

»Was für Riesenpötte«, stellte Maybach bewundernd fest.

In Waltershof verließen sie dann die Autobahn, und der Taunus wich im Hafengebiet etlichen Schlaglöchern aus. Dann ging es an einem »Einfahrt verboten«-Schild vorbei über ein Stück Kopfsteinpflaster. Sie hielten vor einer Betonmauer. Dahinter guckte ein kleiner Leuchtturm hervor, der für die Schifffahrt schon lange nicht mehr von Bedeutung war. »Jenseits der Mauer gibt es einen heimlichen Treffpunkt für Jugendliche. Mit Lagerfeuer und so«, erzählte Willi. »Und es gibt einen genialen Blick auf den Tankhafen. Willst du das sehen?«

Maybach wollte. Also kletterten sie über eine Eisenleiter und sprangen das letzte Stück runter. »Vorsicht, wo du hintrittst.«

»Ich passe schon auf.«

Der Blick auf den Hafen war genau, wie Willi es versprochen hatte. Rechts lagen die Containerschiffe, die sie zuvor schon von der Autobahn gesehen hatten. Links zeichnete sich das Panorama der Stadt ab. »Und was ist hier Schlimmes passiert?«, fragte Maybach, als sie am Rande einer Kaimauer standen. Unter ihnen glänzte das Wasser schwarz wie Öl. Einen Schritt weiter und er würde hineinstürzen. Maybach lehnte sich etwas vor und machte ein Handyfoto.

»Ein Mädchen wurde mit einem Schraubenzieher erstochen«, antwortete Willi. »Direkt an der Mauer, wo wir eben rübergeklettert sind. Zuerst glaubte man, dass es ihr Freund war. Nach einem Streit. Aber später stellte sich raus, dass sie das Opfer eines Serienmörders wurde. Und jetzt kommt's: Sie war sein erstes Opfer nach 20 Jahren Pause. Aufgedeckt hat es ein Kollege von mir. Jan Fischer. Ein Reporter vom *Harburger Tageblatt*. Kenne ihn vom Sehen. Er hat für ein Buch an alten Fällen recherchiert und ist dabei auf den Killer gestoßen. Andernfalls hätte der Mörder bestimmt wieder fleißig weitergemacht. Also, ich meine, nachdem er wieder auf den Geschmack gekommen war.«

»Ein Serienmörder, von dem niemand weiß, dass es ihn überhaupt gibt«, sagte Maybach ehrfürchtig. »Und nach 20 Jahren schlägt er einfach wieder zu. Dickes Ding.«

Es war erst 15.30 Uhr am Nachmittag, trotzdem begann bereits die Dezemberdunkelheit über das Wasser zu kriechen. Die Lichter des Containerterminals gingen an, während die Sonne hinter schneeschweren Wolken auf den Horizont prallte. Maybach blickte noch einmal in die Tiefe und trat dann ein Stück von der Kante des Hafenbeckens zurück. »Warum dieses Mädchen? Und wieso hier? Warum hat der Mörder ausgerechnet sie getötet?«

»Zufall«, entgegnete Willi. »Er war schon hier, als sie und ihr Freund herkamen. Es gab einen Streit zwischen den beiden. Deshalb hat der Esel seine Freundin hier allein gelassen. Ganz schön fies, denn du hast ja selbst auf der Herfahrt gesehen, wir sind hier mitten im Hafen, und du musst bis zur nächsten Bushaltestelle eine ganze Weile laufen. Na ja, die Gelegenheit hat der Mörder sich nicht entgehen lassen. Er hier. Das einsame Mädchen hier. Und ein Schraubenzieher zufällig auch zur Hand. Da hat es sich verselbstständigt. Obwohl ich vermute, dass es ihm schon länger wieder in den Fingern gejuckt hat.«

Maybachs Augen strahlten. Solche Geschichten hatten ihn hergelockt. Böse und morbide. Geschichten, die sein Herz lauter pochen ließen. Willi hatte es wirklich drauf. Er war der ideale Stadtführer. Und sein Reporterwissen über Verbrechen ein wahrer Schatz.

Um zurück in die Stadt zu gelangen, steuerte Willi den alten Elbtunnel an, der den Hafenarbeitern seit über 100 Jahren von Altona aus als Abkürzung auf die andere Flussseite diente. Nach jahrelangen Reparaturarbeiten war die Durchfahrt auch mit dem Auto endlich wieder möglich. Die Fahrspur im Tunnel war kaum breiter als der Taunus selbst. Daneben führte ein Fuß- und Fahrradweg entlang. In einem schönen Bogen spannte sich die Tunneldecke über die gekachelten Wände. »Man hat lange überlegt, ob sich die Renovierung lohnt, aber ich meine, schau dir das mal an. Kenne keinen Hamburger, der nicht stolz auf seinen alten Elbtunnel wäre.«

»Hübsch, hübsch«, entgegnete Maybach. »Gab es hier auch Tote?«

Willi zuckte mit den Schultern. »Der Bau entstand um das Jahr 1900. Solche Arbeiten gingen nie ohne Tote ab. Aber da war ich noch nicht geboren, müsste also selbst nachschlagen.«

»Wäre ein schöner Ort für ein Verbrechen«, überlegte Maybach laut und merkte dann, wie Willi ihn aus den Augenwinkeln ansah. »Ich meine ja nur.«

»Schon klar«, gab Willi zurück. »Wenn hier demnächst was passiert, weiß ich ja, wer's war.«

»Nein, nein, nein. So doch nicht«, wehrte Maybach ab.

Jetzt lachte Willi herzhaft auf. »Schon gut, Kumpel. Mach dir keinen Kopf. Ich verstehe schon.«

Als sie die andere Tunnelseite erreichten, wurde der Taunus von einem uniformierten Mann in einen Aufzug gewunken. Einige Fahrräder füllten den restlichen Platz. Der Mann schloss ein Gitter hinter ihnen. Dann ratterte die Kabine an Stahlseilen nach oben. Heraus kamen sie in einem ockerfarbenen Sandsteingebäude mit Kuppeldach direkt an den Landungsbrücken. Von hier war es nicht mehr weit bis zum Ausgangspunkt der alternativen Stadtführung.

»Da, die Helgoländer Allee hoch, geht es zurück zur Reeperbahn. Dann biste wieder da, wo wir losgefahren sind. Oder du steigst hier gleich in die U-Bahn Landungsbrücken und kannst wieder Richtung Hauptbahnhof fahren«, sagte Willi, während sie auf die St. Pauli Hafenstraße bogen. »Kleine Anekdote nebenbei. Wenn du zu Fuß zur Reeperbahn gehst, kommst du unter einer kleinen Brücke durch. Rechts dahinter liegt das Bismarck-Denkmal, ist vielleicht ein Begriff. Unter der Brücke jedenfalls suchen Obdachlose im Winter gerne Unterschlupf vor Regen, Schnee und Kälte. Guck, da! Siehst du, wo ich meine? Gleich wo die Kurve anfängt. Na, da wurde jedenfalls erst vor Kurzem ein Mann in seinem Schlafsack angezündet. Unten an den Füßen. Damit er es nicht gleich merkt. Und betrunken, wie die Burschen meistens sind, hat's wirklich lange gedauert, bis er es mitbekam. Kennst du die Ballade *Die Füße im Feuer*? Von Conrad Ferdinand Meyer? So ähnlich musst du dir das vorstellen.«

Maybach schüttelte sich bei dem Gedanken. Im Schlaf angezündet zu werden, war keine schöne Sache.

Willi fuhr noch ein Stück weiter und suchte eine Parklücke auf Höhe der Überseebrücke. Der Taunus blubberte, als der Stadtführer den Motor ersterben ließ. »Die Tour ist hier zu Ende. Ich hoffe, sie hat dir gefallen.«

»Und wie. Mein Kopf ist voller Geschichten«, erwiderte Maybach und holte ein paar Scheine aus seinem Portemonnaie.

»Firma dankt«, sagte Willi und steckte das Geld ein. »Auf der anderen Straßenseite liegt das Portugiesenviertel. Kannst du lecker Fisch essen, wenn du Fisch magst.« Willi stieg aus dem Wagen und trat zum Kofferraum. Maybach tat es ihm gleich. Der Kofferraumdeckel ließ sich noch altmodisch mit dem Schlüssel öffnen. Eine Kamera mit Teleobjektiv kam zum Vorschein.

»Hübsches Gerät«, stellte Maybach fest. »Was hast du damit vor?«

Willi deutete zur Elbe. »Ich will von der Überseebrücke aus ein Bild von der erleuchteten *Elphi* machen. Mittlerweile schwimmen die ersten Eisschollen auf der Elbe. Das kam nicht oft vor in den letzten Jahren. Gibt ein schönes Bild. Wenn du noch mitkommen willst …«

Maybach stand neben Willi und sah eine breite Treppe hinauf, hinter der sich Mast und Aufbauten eines Museumsschiffes zeigten. Wieder versuchte der Wind, unter seine Jacke zu schlüpfen. Doch weil Willi es noch immer nicht für nötig zu befinden schien, seinen Mantel zu schließen, wollte Maybach auch nicht als Weichei dastehen. »Klar«, sagte er und tippte zweimal auf die Jackentasche, in der sein Smartphone steckte. »Dann kann ich auch gleich ein paar Fotos machen.«

Konrad Maybach folgte Willi über eine eingehängte Brücke, die sich dem Tidenhub anpassen konnte. Sie wechselten auf einen Ponton, als gerade eine Hafenfähre anlegte. Pendler wurden ausgespuckt. Es piepte, während die Gangway wieder hochklappte und die Fähre ablegte, um flussabwärts zu fahren. Ihr Motor dröhnte beim Beschleunigen. Eisschollen trieben um den Stahlrumpf. Willi hatte nicht zu viel versprochen.

»Hier rechts liegt die *Cap San Diego*«, sagte er zu Maybach. »Ein Stückgutfrachter, der lange im Liniendienst mit Südamerika unterwegs war. Heute ein

Museumsschiff mit einer Tangoschule im Bauch. Im Sommer tanzen sie oben auf dem Deck. Das Zuschauen macht Spaß, auch wenn man selbst nicht der geborene Tänzer ist.« Willi zwinkerte Maybach zu. »Und auf der anderen Seite, guck, da ist sie. Der neue Stolz Hamburgs. Das neue Wahrzeichen der Stadt. Die *Elphi.* Kleiner Funfact. Zu Anfang war man sich nicht einig, wie die Elbphilharmonie abgekürzt werden sollte. Viele Zeitungen haben rund um die Eröffnung *Elbphie* geschrieben. Zusammengesetzt aus den Wörtern Elbe und Philharmonie. Aber sprich das B mal laut aus! *Elbphie*. Klingt doch wie das Vieh von der Elbe, stimmt's? Deshalb sagen jetzt alle *Elphi.* Das soll wohl eher an eine Elfe erinnern. Elegant und hübsch. Weiß ja nicht. Aber mir eigentlich auch egal. Vorsicht, nicht ausrutschen. Wir müssen bis ganz nach vorn durch. Von der Ecke da beim Anleger haben wir den besten Blick.«

Seit sie von der überdachten Brücke auf den vereisten Ponton getreten waren, blies der Wind wieder unangenehm. Er schien aus allen Richtungen zu kommen. Konrad Maybach dachte schon ans Umkehren. Doch dann hatten sie es bis an den Punkt geschafft, zu dem Willi wollte.

»Nicht ungefährlich hier. Nach Weihnachtsfeiern sind Leute schon ins Wasser gefallen. Dann werden sie unter den Ponton gezogen und kommen darunter nicht mehr raus. Abgesehen davon, dass man bei der Kälte sowieso nicht schwimmen kann. Jedenfalls nicht lange. Und bis die Taucher da sind, ist eh alles zu spät. Aber wir Blaulichtfotografen hatten unsere Fotos. Jaja, die guten alten

Zeiten«, sagte Willi versonnen. »Früher konnten wir nämlich noch den Polizeifunk mithören. Wir wussten sofort, wenn es etwas gab, das sich lohnte. Mann, haben wir damals Fotos gekriegt. Das gibt es heute gar nicht mehr. Der Funk von Feuerwehr und Polizei ist mittlerweile digital verschlüsselt. Die Kollegen von heute müssen deshalb regelmäßig beim Lagedienst anfragen, ob gerade irgendwo was Spannendes läuft. Aber darauf verlassen kann man sich trotzdem nicht. Wenn die nicht wollen, erzählen sie dir nämlich nichts. Bei Polizeilagen schon gar nicht. Versiegelte Lippen, verstehste? Gut, dass ich meine Brötchen so nicht mehr verdienen muss.«

Konrad Maybach hörte nur noch mit einem Ohr zu, während Willi ein kleines Einbeinstativ auseinanderzog und die Kamera daraufschraubte. Der eisige Wind ließ Tränen über Maybachs Wangen laufen. »Ich glaube, mir reicht's«, sagte er. »Die Tour war klasse. Ich empfehle dich auf jeden Fall weiter. Aber ich will jetzt ins Warme. Vielleicht gönne ich mir ein Bier beim Portugiesen. Und gegen den Hunger könnte ich auch etwas gebrauchen.« Maybach streckte die Hand zum Abschied aus. »Ade, Willi!«

Der Angesprochene hob das Kinn und machte einen kleinen Schritt vorwärts. Doch statt die ihm entgegengestreckte Hand zu ergreifen, verpasste er dem anderen Mann einen Stoß vor die Brust. Die Attacke kam überraschend, der Untergrund war glatt und Maybachs Beine schon halb erfroren. Er wedelte mit den Armen, taumelte nach hinten und fiel wie in Zeitlupe über die

Kante des Pontons. Der Wind riss ihm einen Hilfeschrei von den Lippen. Maybach ruderte noch immer mit den Armen, als es ein lautes Platschen gab. Schon tauchte sein Kopf das erste Mal unter Wasser.

Willi blickte durch den Kamerasucher und wartete darauf, dass sich der Mann, den er die letzten paar Stunden durch die Stadt kutschiert hatte, noch einmal zeigte. Kopf und Oberkörper stießen kurz darauf wie bei einem springenden Buckelwal aus dem Wasser. Danach klatschte Maybach auf die Wasseroberfläche zurück. Der erfahrene Blaulichtfotograf nutzte den kurzen Augenblick für einen spektakulären Schnappschuss. Wie sehr Willi das vermisste, seit er in Rente war. Nun trieb Maybach entgegen der eigentlichen Fließrichtung der Elbe auf die *Elbphilharmonie* zu. Strömungen in Ufernähe machten eben, was sie wollten. Maybachs Arm versuchte, eine Eisscholle zu umklammern, während im Hintergrund die Lichter des Konzerthauses leuchteten. Auf der 37 Meter über dem Wasser verlaufenden Außenterrasse waren die Schemen einiger Besucher zu sehen. Natürlich bekamen sie nichts von dem Drama mit, dass sich zu ihren Füßen abspielte. Höchstens das Blitzlicht einer Kamera konnten sie sehen.

Als Konrad Maybach zum letzten Mal untergetaucht war, drückte der alte Blaulichtfotograf auf den Knöpfen an der Rückseite der Digitalkamera herum. Zufrieden blickte er auf den kleinen Monitor und klickte sich durch die Bildserie, die er soeben geschossen hatte. Es gab noch mehr tolle Bilder auf dem Speicherchip. Auf einigen war der brennende Obdachlose zu sehen, dessen Schlafsack Willi angezündet hatte. Auch wenn er keinen Polizeifunk mehr abhören konnte, wusste der erfahrene Fotograf noch immer, wie er an gute Fotos kam. Etliche Aufnahmen aus dem letzten Jahr konnte man mit Fug und Recht als sehr gelungen bezeichnen. Doch wie sich Maybach vor der strahlenden *Elbphilharmonie* an eine Eisscholle klammerte, toppte alles. Willi lächelte. »Von wegen ade, du Flitzpiepe. In Hamburg sagt man Tschüss!«

MIEN, MIEN, MIEN!

Peet, der alte Seebär, stand im Vorgarten der lütten Kate, die er mitten in Blankenese sein Eigen nennen durfte. Jeden Pfennig seiner Heuer, zunächst als Bootsmann, dann als Kapitän, hatte er dafür zusammengekratzt. Eine Pfeife steckte in Peets Mundwinkel, und ein schmaler Rauchfaden kringelte sich in die klare Dezemberluft. Noch strahlte die Sonne auf ihrem Weg knapp über dem Horizont, doch für den Nachmittag kündeten dunkle Wolken Schnee an. Auf der anderen Straßenseite zog ein junger Mann einen Schlitten, auf dem er einen Tannenbaum festgeschnürt hatte. Unwillkürlich schüttelte es den alten Seemann. Von Tannenbäumen hatte Peet ein für alle Mal genug. Nie wieder würde er Nordmann, Blaufichte oder Edeltanne anfassen. Kein Weihnachtsbaum würde ihm mehr ins Haus kommen. Denn es gab eine böse Erinnerung, die Peet zur Weihnachtszeit quälte wie das Phantomjucken an einer abgeschlagenen Hand.

Das Poltern hatte in einer Nacht vom 19. auf den 20. Dezember angefangen. Vor wie viel Jahren, wusste Peet nicht mehr. Erst dachte er an einen Marder, der sich durch eine Ritze Zugang zum Dachgebälk verschafft hatte und dort nun sein Unwesen trieb. Doch dann begann das Gekicher und das Lachen.

Ein eingeschaltetes Kofferradio auf dem kleinen Dachboden half weder gegen Gekratze und Gescharre noch gegen das widerliche Kichern. Dann sah der alte Seemann nachts eine Fratze im Dunkeln über seinem Bett schweben. Zunächst war es nur ein körperloser Kopf mit spitzen Ohren und ebensolchen Zähnen. Später erkannte Peet auch dünne Ärmchen und Beine an einem geschlechtslosen dürren Körper. Als alter Seemann wusste Peet vom Klabautermann, der vor schlimmen Stürmen über die Schiffsaufbauten springen und der Besatzung vom Mast aus zuwinken konnte. Ein Vorbote für Tod und Unglück war der böse Geselle. Mancher Seemann, den man später aus den Fluten zog, erzählte vom Klabautermann, der sein Schiff heimgesucht hatte, bevor dieses in der Tiefe versank.

Peet ließ fortan des Nachts das Licht brennen, um wenigstens die Fratze im Dunkeln zu vertreiben. Doch sobald er einschlief, erschien sie ihm dafür in seinen Träumen. Oft schreckte Peet schweißgebadet auf und warf sein Kopfkissen durch das Zimmer. »Was willst du von mir!«, brüllte er verzweifelt.

Lange antwortete ihm nur das gemeine Kichern, dann begann der Klabautermann plötzlich zu sprechen. »Du hest mi bestahlt«, sagte er vorwurfsvoll. Der Kobold saß mit verschränkten Armen auf dem Kleiderschrank und funkelte Peet aus bösen Augen an. »Du hest mien Schatt klaut, Duff.«

»Ich stehle nicht«, widersprach der alte Peet.

»Duff, Duff, Duff!«

Peet schüttelte den Kopf. Er war kein Dieb. Und welchen Schatz meinte der Klabautermann?

»In dien Kist.«

»In welcher Kiste?«, fragte Peet, dabei gab es nur eine, die gemeint sein konnte. Die Seemannskiste im Keller. Darin hatte Peet Andenken an seine Reisen über die sieben Meere gesammelt. Einen grünen Smaragd aus Kolumbien, eine bemalte Maske aus Peru, einen handgearbeiteten Bumerang aus Australien und die geschnitzte Figur eines Jägers aus Papua-Neuguinea, die mit ihrem maskenhaften Kopf ein bisschen an den Klabautermann selbst erinnerte. Konnte irgendetwas davon dem Kobold gehören? Wenn ja, warum forderte er es erst jetzt zurück und nicht schon vor Jahren, als Peet noch Kapitän an Bord seines Schiffes war?

Der alte Seemann stieg eine steile Stiege hinunter. Es waren nur fünf Stufen, der Keller so niedrig, dass Peet den Kopf einziehen musste. Die Kiste stand zwischen den Gartengeräten. Im Schein einer funzligen Lampe klappte er den Deckel auf. Sein Schatten verdeckte den Inhalt. Deshalb rückte er die Kiste auf dem Lehmboden ein Stück zur Seite. Nun funkelten die Gegenstände in der Seemannstruhe wie ein echter Schatz, auch wenn sie nicht besonders wertvoll waren. Viel mehr spiegelten sie einen Teil seines Lebens wider.

»Was willst du haben?«

»Mien Münt«, antwortete die Stimme des Klabautermanns aus der Dunkelheit.

»Welche Münze?« Peet kramte in der Kiste. Dann entdeckte er das Goldstück, von dem die Rede sein musste. Es war als letztes Andenken in die Truhe gewandert. Peet erinnerte sich gut daran, denn er hatte sie erst vergangenes Jahr gefunden und nach Hause gebracht. Das Geldstück war klein, schien aber uralt zu sein. Auf der einen Seite gab es den Kopf eines Mannes, den Peet nicht zuordnen konnte. Auf der Rückseite prangte das Hamburg-Wappen, das von zwei Löwen links und rechts präsentiert wurde. Darunter stand eine Jahreszahl. Peet putzte das Metall an seinem Pullover blank, hielt es ins Licht, das aus der Küche durch die Einstiegsluke fiel, und blinzelte durch seine Lesebrille. 1398 stand am Rand. So alt schon, dachte er. Das war merkwürdig, denn gefunden hatte er das Geldstück zwar auf einem Schiffswrack, das vor Blankenese lag, aber das war bei Weitem noch nicht so alt.

Das Schiff war 1975 im Nebel von einem aus dem Ruder gelaufenen Frachter mittschiffs getroffen und in zwei Teile geschnitten worden. Nun ruhte es als Wellenbrecher am Falkensteiner Ufer. Einer verrückten Eingebung folgend, hatte Peet im vergangenen Jahr einen kleinen Weihnachtsbaum auf das aus dem Wasser ragende Heck der *Uwe* geschafft und diesen mit einer Lichterkette geschmückt. Peet war auf die Idee gekommen, weil er vor seinem Ruhestand in der Weihnachtszeit bereits viele Tannenbäume auf Schiffe gebracht hatte, die im Hafen vor Anker lagen. Eine Hamburger Tradition, die Peet im bescheidenen Stil fortsetzen wollte. Die Vorstellung von einem leuchtenden Weihnachtsbaum auf dem Heck der *Uwe* hatte sein Herz erwärmt. Alle Seeleute, die zu Weihnachten in den Hafen kamen oder in umgekehrter Richtung hinaus aufs Meer fuhren, würden das Licht in der Nähe des Blankeneser Ufers sehen. Es sollte sie grüßen und ihre Fahrt unter einen guten Stern stellen.

Den Weihnachtsbaum per Ruderboot auf das Wrack zu bekommen, erwies sich als schwierig. Ihn in der Senkrechten zum Ufer zu befestigen, war fast noch schwerer. Peet brauchte eine ganze Weile dafür. Und plötzlich steckte da dieses kleine Ding zwischen den Planken. Rund und schmal. Peet steckte es ein, ohne darüber nachzudenken. Erst zu Hause holte er das Teil wieder aus der Jacke. Eine Münze, nicht viel größer als ein Daumennagel, kam zum Vorschein. Ein paar Tage lag sie oben in der Küche, dann schaffte Peet sie hinunter in den Keller und vergaß die Münze.

»Mien, mien, mien!«, zeterte der Klabautermann nun wieder.

»Hier, kannst sie haben.« Peet streckte die Hand in die Dunkelheit. Wenn der Terror damit ein Ende hätte, war es den Preis allemal wert. Doch die Münze blieb auf Piets Hand liegen.

»Duff, Duff, Duff!«

»Ich bin kein Dieb. Es war nicht meine Absicht, sie zu stehlen. Also nimm schon das blöde Ding.«

»Mien, mien, mien!«

»Was willst du denn? Da ist sie doch. Oder soll ich sie etwa zurück auf die *Uwe* bringen. Auch das kannst du haben. Aber danach musst du mich in Ruhe lassen.«

Der Klabautermann, den Peet nur aus den Augenwinkeln sah, verschränkte die Arme. »Dat geiht nich.«

»Wieso nicht?«

Weil er die Münze nicht einfach wieder zurücknehmen könne, gab der Kobold zu verstehen. Er werde deshalb für immer bei Peet bleiben müssen. Und von jetzt an müsse Peet zur Strafe jedes Jahr einen Weihnachtsbaum auf das Wrack schaffen und zum Leuchten bringen.

»Das hast du dir doch gerade erst ausgedacht«, gab Peet zurück. »Weil es dir auf dem Schiff zu kalt ist. Weil du dort allein bist und keinen zum Tyrannisieren hast. Sei doch ehrlich, du böse Missgeburt.«

»Elk Jahr«, wiederholte der Klabautermann. »Vun nu bet to dien Dood.«

Von jetzt bis zu meinem Tod, hallte es in Peets Kopf wider. Jedes Jahr. Was für eine tolle Aussicht.

Im Sommer ließ der Klabautermann Peet fortan einigermaßen in Ruhe, doch sobald die dunkle Jahreszeit begann, kam auch der Plagegeist Jahr für Jahr zurück. Der Kobold verfolgte Peet weiterhin bis in seine Träume. Tiefe Ringe bildeten sich unter Peets Augen, und sein Gang wurde immer gebeugter. Wollte er im Jahresverlauf auch nur ein wenig Erholung haben, musste er an jedem 19. Dezember einen Weihnachtsbaum an Bord der *Uwe* schleppen. Egal ob bei Regen oder Schnee.

Die Menschen bewunderten Peet dafür, und er wurde so sogar zur lokalen Berühmtheit. Sie konnten ja nicht wissen, dass er verflucht war. Peet wollte die Münze verschenken oder sogar wegwerfen. Aber der Klabautermann sagte ihm, dass dies nichts ändern würde. Stattdessen trieb er es das folgende Jahr noch schlimmer als zuvor. Wieder musste Peet hinunter zur *Uwe* und den Weihnachtsbaum aufstellen. Sein Kopf dröhnte. Er hörte die Stimme des Kobolds nun den ganzen Tag. Egal ob er schlief oder wach war. Doch dann kam das Jahr, in dem Peet das letzte Mal zur *Uwe* hinüberpaddelte. Denn als er an jenem Abend nach Hause zurückkehrte, erschöpft und durchgefroren, war der Klabautermann verschwunden. Nicht nur seine Gestalt war weg. Auch die Stimme in Peets Kopf.

Es war das Jahr, in dem Peet 79 Jahre alt geworden war. Seinen 80. feierte er im Frühling in aller Stille nur für sich allein. Es brauchte eine Zeit, bis er begriff, dass der Klabautermann wirklich fort war. Dann kam er auf den Gedanken, im Keller nachzusehen. Die Schatztruhe stand offen. Der Smaragd aus Südamerika war verschwunden. Ebenso die alte Hamburger Goldmünze.

Der Sommer verstrich, und die Tage wurden kürzer. Nun war wieder der 19. Dezember. Peet trat aus seinem Vorgarten und folgte dem Mann, der den Weihnachtsbaum auf einem Schlitten hinunter zum Elbufer zog. Die Schlittenpartie schien Peet gefährlicher, als wenn der Mann den Baum getragen hätte. So hatte Peet es schließlich auch jedes Jahr getan. Aber der Mann war noch jung. Er schaffte es unfallfrei bis zum Ufer. Als er den Baum in ein kleines Boot legte, wusste Peet zweifelsfrei, wer bei ihm eingebrochen war. Aber wieso nur? In der kleinen Kate gab es doch nichts zu holen. Und von der Schatzkiste im Keller konnte der Mann doch eigentlich nichts wissen.

Peet schüttelte den Kopf, war dem jungen Mann aber nicht böse. Nein, ganz bestimmt nicht. Du hast die Münze gestohlen, mein Junge, dachte er. Dafür werde ich dir ewig dankbar sein. Denn dies schien der einzige Weg, den Klabautermann wieder loszuwerden. Ein anderer musste die Münze stehlen. Natürlich hatte der böse Geselle das Peet nicht verraten. Dafür steckte viel zu viel Gemeinheit in ihm.

Duff, Duff, Duff!

Peet gelang es zum ersten Mal überhaupt, bei der Erinnerung an diese Worte zu lächeln.

Während ein steifer Nordost über die Elbe strich, sah Peet noch zu, wie der junge Mann mit dem Ruderboot samt Weihnachtsbaum hinüber zur *Uwe* paddelte. Er ahnte, was für ein Terror sich gerade im Kopf des Unglücksraben abspielte. Dann drehte Peet sich um und ging die Straße zurück nach Hause. Leichtes Schneetreiben setzte ein. Eine kalte Nacht stand bevor. Der alte Seebär machte vorsichtig einen Schritt vor den anderen, er war ja nicht mehr der Jüngste, und freute sich auf seine eingeheizte Stube und ein Glas Tee mit Rum. Plötzlich rief eine hohe Stimme: »Mien, mien, mien!« Erschrocken drehte Peet den Kopf. Doch es war nur ein Junge im Garten, der voller Freude mit sich selbst sprach, während er einem Schneemann eine Karotte mitten ins Gesicht drückte.

DER TOD AUF LEISEN SOHLEN

Die rote Wollmütze war ihr Markenzeichen. Kaum jemand benutzte ihren richtigen Namen. Selbst die Lehrer nicht. Denn Mütze behielt ihre Kopfbedeckung auch im Unterricht auf. Das störte niemanden. Der Anblick war viel zu vertraut. Unter dem Rand guckten dunkle Haare hervor. Außerdem hatte Mütze einen Piercingstecker an der linken Augenbraue, auf den sie sehr stolz war. Mit 15 erlaubten einige Eltern ihren Kindern noch nicht einmal gewöhnliche Ohrringe. Marie etwa, dieses blonde Kunstturnpüppchen aus Mützes Jahrgang, wünschte sie sich seit der ersten Klasse. Jetzt waren sie beide in der Neunten und noch immer hatte das brave Töchterchen keine Ohrlöcher von ihren Eltern erlaubt bekommen. Na ja, auf ihrem Zeugnis standen lauter Einsen und Zweien, obwohl sie die meiste Zeit mit Sport statt Lernen verbrachte. Dazu die Landesmeisterschaft im letzten Jahr. Da war es doch irgendwie nur gerecht, wenn bei Marie auch mal nicht alles so lief, wie sie es wollte. Vor drei Wochen war das Vorzeigemädchen dann mit seinem Lover durchgebrannt. Alle in der Schule wussten es. Die Polizei hatte mittlerweile sogar ein Suchbild von ihr rausgegeben. Es gab auch ein Bild von dem Typen, mit dem sie unterwegs sein sollte.

Sah gar nicht so schlecht aus, nur ein bisschen alt. Marie, Marie, was hast du nur angestellt?

Mütze sprang an der Haltestelle Borgweg aus dem Bus und fand den Tag gar nicht mehr so kacke. Musste sie an Weihnachten eben Oma in ihrer verrauchten Bude besuchen, während Mama zu Hause mit ihrem neuen Hengst Spiele spielte. »Lass dir Zeit bei Oma. Du weißt ja, sie ist einsam«, hatte Mama gesagt.

Schon klar, sie will nicht nur geilen Sex, sondern geilen *lauten* Sex. Marie hatte nichts dagegen. Aber wieso musste sie deshalb zu Oma?

»Geh schon, die frische Luft wird dir gut tun!«

»Es sind Scheiß-minus-drei-Grad. Ich könnte hinfallen und erfrieren oder mir gleich das verfickte Genick brechen.«

»Fluchen ändert auch nichts daran.«

»Ich fluche nicht. Bin einfach nur ordinär.«

Mama lachte auf. »Dann schieb deinen ordinären Hintern zu Oma. Wenn du wiederkommst, gibt's Pizza.«

Mama sah noch ganz schön heiß aus, obwohl sie in zwei Jahren 40 werden würde, das musste Mütze ihr lassen.

»Pizza an Weihnachten. Na toll.«

»Du bist es, die keinen Kartoffelsalat mit Würstchen wollte.«

»Steh nicht so auf Würstchen wie du.«

»Raus jetzt!«

Oma drückte auf den Türsummer, nachdem Mütze sich an der Gegensprechanlage gemeldet hatte. Der Wohnblock lag neben einem Studentenwohnheim und nicht weit vom Stadtpark entfernt. Im Sommer konnte man auf Omas Balkon kostenlos den Open-Air-Konzerten zuhören. Es gab ein Klicken, als Mütze die Tür zum Treppenhaus mit der Schulter aufdrückte. In beiden Händen trug sie einen runden Plastikbehälter mit den Resten der Torte von gestern. Ein Kunstwerk aus Sahne, das wegen der Kälte sogar die ruckelige Busfahrt ziemlich heile überstanden hatte. Oma aß gleich zwei Stücke. Anders als Mama sah sie wesentlich älter aus, als sie es in Wirklichkeit war. Sie wurde vor zwei Jahren vom Doc arbeitsunfähig geschrieben und war seitdem nicht mehr aus der Wohnung gekommen. Das hinterließ nicht nur im Gesicht Spuren. Omas Leggings und der Pullover hatten Flecken. Tomatensoße und Joghurt, so sah es zumindest aus. Außerdem schlurfte sie nur noch in Filzpantoffeln durch die Wohnung.

»Erzähl mal was, Mädchen«, meinte Oma am Küchentisch sitzend. Diese Konversationseinleitung kannte Mütze schon. Was anderes fiel Oma nicht ein, um ein Gespräch zu beginnen.

»Gibt nichts zu erzählen.«

»Gar nichts?«

»Nee. Wir haben Ferien. Da passiert nix.«

»Deine Freundin wieder aufgetaucht?«

»Marie ist nicht meine Freundin. Aber nein. Sie ist noch immer nicht wieder da.«

»Männer.« Oma sprach das Wort verächtlich und zugleich sehnsuchtsvoll aus. »Nicht, dass du auch auf solche Ideen kommst, Deern.«

»Bin ja nicht blöd.«

»Nee, das biste nich.«

»So, ich muss dann auch wieder los.«

»Was? Jetzt schon? Bist doch gerade erst gekommen.«

»Wir machen zu Hause Pizza. Will nicht, dass Alex mir alles wegfrisst.«

Oma blickte über den Rand ihrer Brille. »Mamas Neuer, was?«

»So neu auch wieder nicht«, erwiderte Mütze.

Oma zwinkerte ihr zu, und Mütze machte sich auf eine Anzüglichkeit gefasst. Doch es kam keine.

»Kannst mir noch kurz was von der Tanke holen? Reicht die Zeit dafür?«

Mütze blickte zu dem Päckchen Zigaretten auf dem Küchentisch. Es schien noch voll. Also musste der Schnaps alle sein. Durfte ruhig das billige Zeug sein. War ja nur zum Einreiben der Füße, wie Oma ihr immer weismachen wollte. Die schmerzten ihr abends vorm Schlafen oft so sehr, dass nur Einreiben mit Hochprozentigem half. Das Märchen kannte Mütze schon.

Der Wolf war aus dem Norden gekommen. Er hatte Schleswig-Holstein durchstreift, ein paar Deichschafe gerissen und war dann immer weiter nach Süden gewandert. Genug Wald zum Schutz gab es auf der ganzen Strecke. Doch dann war er in die Stadt geraten, hatte sich an den Zäunen des Hamburger Flughafens vorbeigedrängt und war über das Eppendorfer Moor bis in den Stadtpark getrabt. Am Planetarium sprang er auf die steinerne Umrandung eines großen Wasserbeckens.

Im Sommer ergoss sich zur Freude von Kindern und Spaziergängern ein künstlicher Wasserfall in das Becken. Doch im Winter gab es hier kaum noch eine Pfütze. Das Wasser war weitestgehend abgelassen, um den Bau vor Frostschäden zu bewahren.

Der Wolf sprang zurück auf die verschneite Wiese und leckte etwas Schnee auf. Dann sah er sich nach Bewegungen um. Ein Kaninchen wäre ihm als Mahlzeit genauso recht wie eine streunende Katze. Er streckte den Kopf wie zu einem Heulen nach oben und schnupperte in die hereinbrechende Nacht. Die Geräusche jenseits der Bäume schreckten ihn, aber er roch, dass es auch Nahrung gab.

Mit zwei Jahren hatte der Jungwolf sein Rudel verlassen und sich auf Wanderschaft begeben. Nun war er fast drei und langsam bereit, sich eine Gefährtin für ein eigenes Rudel zu suchen. Mit gesenktem Kopf lief der Wolf weiter. Seine Nase strich wie auf einem Luftpolster nur wenige Zentimeter über den Boden, ohne diesen zu berühren. Seit acht Tagen hatte er nichts gefressen.

Der Weihnachtsausflug zu Sofias Schwester war wie immer eine Tortur gewesen. Gänzlich unerzogene Kinder, ohne Tischmanieren, Benimm und Anstand. Was für ein Lärm, den ganzen Nachmittag durch. Dazu ein Schwager, der die Kiste Rotwein, die sie als Geschenk mitgebracht hatten, schon vor dem Abendessen zur Hälfte fast allein ausgetrunken hatte. Wozu einen so guten Wein verschenken, wenn die Promille für den Kerl offenkundig entscheidender waren als der Geschmack?

Aber Sofia hatte darauf bestanden. Auch die Geschenke für die frechen Gören ihrer Schwester waren viel zu teuer gewesen. Unterm Strich eine Veranstaltung zum Abgewöhnen. Und das nicht zum ersten Mal. Wenigstens war der eigene Nachwuchs jetzt müde und bettreif. Karlo und Emma dämmerten in ihren Kindersitzen vor sich hin, während das Licht der Laternen die Schatten der Nacht in regelmäßigen Abständen von ihren Gesichtern vertrieben. Sofias Schwester lebte mit ihrer Familie in Hittfeld, eine halbe Stunde Autofahrt außerhalb der Stadt. Fernando war froh, endlich die Autobahn zu verlassen und wieder urbane Strukturen zu erkennen. Im Radio lief eine Diskussionsrunde.

»Können wir nicht was anderes hören?«, fragte Sofia.

»Mich interessiert das«, erwiderte Fernando knapp. Sie sprachen auch untereinander Deutsch, damit Emma es in der Schule und Karlo in der KITA leichter hatten. Nur wenn die Kinder nicht dabei waren, unterhielten sie sich auf Spanisch. Und im Bett natürlich. Liebesgeflüster funktionierte auf Deutsch so gar nicht für Fernando.

»Es muss ein Bewusstsein dafür geschaffen werden, dass der Wolf zu einem gesunden Ökosystem dazugehört«, sagte eine weibliche Stimme im Radio. »Natürlich ist das nicht leicht zu akzeptieren. Besonders wenn man Schäfer ist, aber auch hier sollte eine Umgewöhnung möglich sein. Das Land stellt ja Zäune zur Verfügung, um die Tiere zu schützen.«

»Das ist doch ein Witz«, unterbrach eine tiefer klingende Männerstimme. »Da hüpft der Wolf einfach so drüber. 1,20 Meter sind lachhaft für den.«

»Aber so funktioniert ein Wolfsangriff doch gar nicht«, konterte die Wolfsexpertin. »Er kommt nicht einfach des Weges, springt über den Zaun und reißt zehn Schafe. Ein Wolf kundschaftet lange vorher aus, wo und wie er zuschlagen kann. Er läuft den Zaun ab und guckt, wie er rein- und auch wieder rauskommen kann. Denn mit einem vollen Bauch lässt sich nicht gut springen. Das weiß der Wolf. Und am liebsten möchte er noch ein Stück seiner Beute mitnehmen. Also sucht er sich eine Stelle, wo er unter dem Zaun durchkommt. Hierzu gräbt und wühlt er in der Nacht zuvor, um den Durchgang zu vergrößern. Das kann jeder Schäfer erkennen, wenn er den Zaun abläuft. Und dann muss er abschreckende Maßnahmen ergreifen. In der kommenden Nacht Licht anmachen und selber aufpassen.«

»Klingt ja toll, aber wissen Sie, wie lang so ein Zaun ist? Was soll der Schäfer denn noch alles machen?«

»Das ist ein interessanter Punkt«, sagte eine dritte Stimme. Sie gehörte dem Moderator der Sendung. »Einer unserer Hörer schreibt uns nun aber, dass er sich nicht nur Sorgen um die Nutztiere macht. Er fragt, ob der Wolf nicht irgendwann auch Menschen angreifen könnte. Immerhin kommt er den bewohnten Gegenden immer näher. Einige Bauern wollen ihn schon direkt auf ihren Höfen gesehen haben. Was meinen Sie dazu, Herr Voght, als Vertreter des Naturschutzverbandes.«

»Ich denke, dass dies eine grundsätzliche Abwägung sein muss. Wollen wir ein Ökosystem mit dem Wolf oder ohne ihn? Er macht ja auch Gutes. Er reguliert den Bestand von Niederwild. Aber ja, sicherlich. Früher oder später könnte ein Mensch sterben.«

»Oha, und das sagen Sie hier so einfach freiweg?«, fragte der Mann, der sich eben noch ausschließlich Sorgen um seine Schafe gemacht zu haben schien.

»Ich sage es nicht einfach so. Sondern, weil man die Sache ohne die ewige Gefühlsduselei auch einmal nüchtern betrachten und einordnen sollte. Es heißt immer nur: der böse Wolf, der böse Wolf. Aber man muss sich auch mal vor Augen halten, dass jedes Jahr rund 3.000 Menschen durch Wildunfälle verletzt werden, davon etwa 1.000 schwer. Und es gibt dadurch jedes Jahr etwa 30 Verkehrstote. Das ist nicht der Wolf, der das verursacht. Das sind Wildschweine, Rehe und Rothirsche. Wenn man mit dem Auto bei Tempo 50 auf ein Wildschwein knallt, ist das, als würde dich ein Nashorn rammen. Die Dunkelziffer an Wildunfällen liegt sogar noch viel höher. 30 Tote jedes Jahr durch Wildschweine und Co. Aber sagt deshalb jemand, dass die Wildschweine ausgerottet werden sollen? Nein. Und warum nicht? Weil es niemanden interessiert. Der Wolf aber hat ein schlechtes Image, solange wir denken können.«

»Und deshalb darf man sich nicht vor ihm schützen? Wann, frage ich Sie, wird das erste Kind vom Wolf gerissen? Auf dem Schulweg oder beim Spielen?«

Sofie warf den Kopf herum. »Fernando, mach was anderes an. Denk an die Kinder.«

Fernando krauste missmutig die Stirn. Von Weihnachtsliedern hatte er in den letzten Tagen mehr als genug gehört. Die Sender dudelten seit Wochen alle dasselbe.

»Und was ist mit dem Straßenverkehr an sich?«, fügte Herr Voght vom Naturschutzverband seinen Überlegungen hinzu. »Jedes Jahr verunglücken 25.000 Kinder. Etwa 50 sterben. Sie werden auf dem Schulweg überrollt und getötet. Oder nachmittags auf dem Weg zu ihren Freunden. Niemand fragt, ob wir deshalb Autos abschaffen sollen. Nur beim Wolf überlegt man es. Dabei hat der Wolf in Deutschland seit Ewigkeiten kein Kind mehr getötet. Null. Nicht ein einziges.«

»Es ist nur eine Frage der Zeit.«

»Natürlich ist es das. Da gebe ich Ihnen …«

Fernando drückte auf den Knopf für den Sendersuchlauf. Sofias weit geöffneten Augen empfahlen es ihm nicht mehr nur. Vielleicht war der rechte Zeitpunkt schon verstrichen, um noch einen kuscheligen Weihnachtsabend mit ihr zu haben. Obwohl … schon jammerte Chris Rea auf einem neuen Sender, dass er mit 1.000 Erinnerungen fürs Weihnachtsfest nach Hause fahre. Fernando drehte das Radio lauter.

Mütze stellte eine Flasche Schnaps auf den Tresen und bat um eine Zigarettenschachtel aus der Reihe hinter dem Verkäufer. Der junge Mann deutete auf eine bestimmte Marke. Mütze nickte.

»Wieder für die Oma?«, fragte er.

Wortlos legte Mütze den Personalausweis ihrer Großmutter auf den Tresen.

»Eigentlich darf ich dir das Zeug trotzdem nicht verkaufen. Vielleicht hast du ihn ja von ihr gezockt. Wenn der Chef das rauskriegt, bin ich dran.«

Mütze zog einen zerknitterten Zettel aus ihrer Jackentasche und reichte ihn ebenfalls über den Verkaufstresen. Der junge Bursche hatte ein schmales Gesicht mit einem Drei-Musketier-Bärtchen auf der Oberlippe und an der Kinnspitze. Demonstrativ strich er den Zettel glatt, bevor er die Nachricht von Mützes Oma las. Er zuckte mit den Schultern.

»Kannst du auch selbst geschrieben haben. Vielleicht mit der linken Hand.«

»Habe ich aber nicht.«

»Wie alt bist du?«

Was geht dich das an, wollte Mütze entgegnen. Dann wurde ihr bewusst, dass sie etwas von ihm wollte und nicht umgekehrt. Lieber nicht zu schnippisch sein, dachte sie. Obwohl der Typ sie mächtig reizte. »Ich bin noch keine 18. Wolltest du das wissen?«

»Ganz genau.«

»Warum? Willst du etwa einen Porno mit mir drehen?«

Gewagter Ansatz. Aber an einer leichten Röte auf den Wangen ihres Gegenübers erkannte sie, dass es zumindest in die Richtung ging. Möglich, dass der Bursche in sie verschossen war. Er konnte selbst nicht viel älter als 18 sein.

»Ich habe doch schon öfter hier gekauft«, fügte sie dann hinzu. »Wo ist denn heute das Problem?«

»Ich hätte dir die Sachen schon beim ersten Mal nicht verkaufen dürfen.«

»Hätte, hätte … Fahrradkette.« Mütze konnte selbst nicht glauben, dass sie so einen Quatsch von sich gab. Gefiel ihr der Futzi etwa auch? Oder warum hatte sie keine bessere Erwiderung parat? Seine Augen schimmerten grünbraun. Ziemlich verführerisch.

»Oma wohnt zwei Straßen weiter. Willst du mitkommen und sie sehen?«, bot Mütze an.

»Kann hier ja nicht weg«, antwortete der junge Mann.

Das war schon mal kein Nein.

Okay, er steht auf mich, dachte Mütze. Sei freundlich, dann kriegst du von ihm, was du willst.

»Komm, sei lieb«, sagte sie und setzte ein nettes Gesicht auf. »Bis zur nächsten Tanke muss ich ganz schön laufen. Und der Bus fährt an Weihnachten auch nur zu beschissenen Zeiten.«

Der Junge nickte. »Wohnst du auch hier?«

»Nicht ganz. Mehr so Richtung Alsterdorf.«

»Auch schön.«

Mütze merkte, dass der Bursche mehr wissen wollte. Vielleicht lief es tatsächlich auf eine Verabredung hinaus. Doch dann öffnete sich die Schiebetür hinter Mütze, und mit einem kalten Luftstrom kam ein Autofahrer herein, um seinen Sprit zu bezahlen. Schnell zog der junge Verkäufer die Ware über den Scanner und deutete mit den Augen an, dass Schnaps und Zigaretten in Mützes Jutebeutel verschwinden sollten. Sie folgte der Aufforderung und schob einen Geldschein über den Tresen.

»Bis bald«, sagte Mütze, nachdem sie das Rückgeld eingesteckt hatte.

»Bis bald«, gab der junge Verkäufer mit einem kurzen Lächeln zurück.

Ein ungeahntes Gefühl der Wärme erfüllte Mütze, als sie in den düsteren Dezembernachmittag hinaustrat. Der kalte Wind fühlte sich gar nicht mehr so schneidend wie auf dem Hinweg zur Tankstelle an, sondern erfrischend. Selbst der Besuch bei Oma war jetzt nicht mehr so nervig wie noch vor einer halben Stunde.

Mütze ging an einem Sandweg vorbei, der in den Stadtpark führte. Der schmale Streifen Bürgersteig, der nicht vom überfrorenen Schnee vereist war, führte direkt an Büschen und Bäumen entlang. Quer durch den Park konnte man in fünf Minuten am Planetarium sein. Oma hatte eine tolle Wohnlage. Schade, dass sie gar nicht mehr aus ihrer Bude rauswollte. Kaum hatte Mütze das gedacht, waren ihre Gedanken schon wieder bei dem Jungen von der Tankstelle. Hat er mich eben wirklich angegraben? Was denkt er wohl, wie alt ich bin? Ach ja, genau das hat er ja gefragt. Ging wohl gar nicht um den Schnaps. Verdammt. Ich glaub', ich muss Oma jetzt öfter besuchen.

Die Büsche wichen einer großen Grünfläche, die unter Schnee verborgen lag. Mütze blieb stehen, holte die Zigaretten aus dem Jutebeutel und zog die Plastikumhüllung ab. Sie steckte sich einen Stängel zwischen die Lippen und zündete ihn mit einem Feuerzeug an. Ein paar tiefe Züge ließen ihren Körper kribbeln. Trotz der Kälte spürte sie es sogar in den Füßen. Der Schnaps war für Oma, die Kippen hatte sie sich selbst von Omas Geld gegönnt.

Langsam schlenderte Mütze weiter. Dabei schwang sie die Tasche hin und her wie eine Grundschülerin ihren Turnbeutel. Sie konnte Omas Wohnblock schon sehen und das Licht hinter Omas Fenster. Dann merkte sie, dass sie nicht mehr allein war. Ihr Blick ging zur Seite über die Rasenfläche. Zuerst sah sie nur gelbgraue Augen in der Dunkelheit, die das Licht einer Laterne reflektierten. Dann zeichnete sich eine Silhouette vor dem Schwarz der Nacht ab. Ein großer Hund stand da ganz still und starrte Mütze an. Aber war das überhaupt ein Hund?

Mütze hörte auf zu atmen. Der Zigarettenstummel fiel ihr aus der Hand, und die Glut erlosch auf dem vereisten Bürgersteig. Scheinwerferlicht huschte über das Tier. Nun erkannte Mütze den Wolf. Im Dunkeln hatte sie die Entfernung zu ihm falsch eingeschätzt. Er war schon viel näher als gedacht. Das Scheinwerferlicht wanderte vom Wolf weg über die weiße Ebene. Nun schien das Tier auf Mütze zuzuspringen. Jedenfalls war dies das Letzte, was Mütze im Licht gesehen hatte, bevor der Wolf wieder mit der Dunkelheit verschmolz. Mit einem Schrei wich sie nach hinten aus, trat über den Bordstein auf die Straße. Sie wurde in die Luft gewirbelt, als das Auto, dessen Lichter über den Wolf gestrichen waren, sie von den Beinen riss. Ein dumpfer Aufschlag war zu hören. Eine Windschutzscheibe splitterte. Mützes Körper purzelte hilflos über das Auto, in dem Fernando, Sofia und die Kinder auf dem Weg nach Hause waren. Noch immer wirbelte Mütze durch die Luft. Dann schlug sie mit Kopf und Rücken zuerst auf den Asphalt. Über fünf Meter von ihr entfernt barst eine Glasflasche im Jutebeutel. Der Schnaps sickerte durch den Stoff, während Blut aus Mützes Ohren lief. Sie wusste gleich, dass sie den Jungen aus der Tankstelle nicht wiedersehen würde. Mütze hatte das nahende Elektroauto nicht gehört. Der Tod war auf leisen Sohlen zu ihr gekommen.

LABSKAUS MIT CHAMPAGNER

Hamburger Labskaus (für 2 Personen):

*

2 Eier

1 Zwiebel

2 Matjesfilets

300 g Rote Bete

3 Gewürzgurken

200 g Corned Beef

400 g mehligkochende Kartoffeln

**

**

**

Michèle hasste Hamburger Labskaus, diesen salzigen Brei aus gestampften Kartoffeln mit gewürfelten Fleischstücken und Roter Bete, der neben Fischfilets, Spiegeleiern und einer Gewürzgurke auf einen Teller geklatscht wurde. Für Michèles französischen Gaumen war das eine Beleidigung. Doch Kevin verlangte, dass sie mindestens einmal die Woche für ihn Labskaus zubereitete.

Kevin war ein großer Mann. Kevin war ein starker Mann. Es war besser, wenn man machte, was Kevin sagte. Das galt für alle Menschen in seiner Nähe. Auch für Michèle, die er aus seinem Striplokal auf der Reeperbahn quasi direkt von der Stange in seine Luxuswohnung in der HafenCity verpflanzt hatte. Das Appartement war 200 Quadratmeter groß und bot durch riesige Panoramafenster einen umwerfenden Blick auf den Fluss samt *Elbphilharmonie*.

Michèle war für Kevin nur ein weiterer Luxusgegenstand. Er konnte sich mit ihr schmücken wie mit einer teuren Uhr oder dem Aston Martin Vantage V12, den er so gerne mit offenem Verdeck auf Touren brachte, wenn Michèle neben ihm saß. Je höher der Tacho kletterte, desto mehr Angst bekam sie. Kevin wusste das. Kevin gefiel das.

Michèle zog schwarze Einweghandschuhe an, um die Rote Bete zu schälen. Das Zeug färbte wie wahnsinnig. Mit einfachem Händewaschen war das nicht zu erledigen. Nacheinander legte Michèle die dunkelroten Kugeln in sprudelndes Salzwasser. Dasselbe tat sie mit den Kartoffeln. Dann hackte sie Zwiebeln und schnitt ein paar Gewürzgurken in Würfel. Das Corned Beef wurde ebenfalls gewürfelt. Michèle schwitzte die gehackten Zwiebeln in Pflanzenöl an, warf dann das Fleisch und die mittlerweile weich gekochte Rote Bete dazu. Anschließend löschte sie das Ergebnis mit Flüssigkeit aus dem Gurkenglas ab und warf alles zusammen in den größten Topf, den sie in der Küche finden konnte. Zusammen mit den Kartoffeln stampfte sie daraus einen Brei, der so scheußlich roch, wie er aussah. Zum Schluss hätte Michèle die rote Pampe mit Salz und Pfeffer abschmecken müssen, doch die Vorstellung war zu widerlich. Deshalb streute sie beides nach Gefühl in den Topf.

Kevin lebte mit Frau und Kindern in einer Stadtvilla, deren Grundstück an einen der Alsterkanäle grenzte. Bei längerem Dauerfrost konnte man von dort mit Schlittschuhen bis zur Außenalster laufen oder im Sommer dieselbe Strecke mit einem Stand-up-Board paddeln. Michèle hatte sich die Lage der Villa auf einer Karte im Internet angesehen. Sie selbst war noch nie dort gewesen. Es war gut möglich, dass Kevins Frau von Michèle wusste, aber sehen würden sie sich niemals. Denn Michèle wurde noch auf keine Feier eingeladen, zu der auch Kevins Frau kam. Die Menschen in der Villa waren seine Familie. Michèle nur sein Spielzeug. Doch das war nicht das Problem.

Michèle war nach Hamburg gekommen, um mit ihrem Körper Geld zu verdienen. Sie sah toll aus und hatte einen hinreißend französischen Akzent. Das kam bei den Männern verdammt gut an. Noch besser, als es ihr gutes Aussehen allein tat. In Marseille war Michèle nur eines von vielen Mädchen gewesen, die mit Männern das taten, was Männer von Mädchen wie Michèle wollten. Aber in Hamburg bot die Französin eine gewisse Exklusivität. Das zeigte sich beim Tabledance noch mehr als an der Tanzstange. Michèle wurde häufiger als andere Mädchen ins Separee gebeten. So konnte sie sich etwas zusammensparen und das Geld auf einem geheimen Konto einzahlen. Dann begann sich Kevin für Michèle zu interessieren, und alles wurde kompliziert. Denn Kevin erzählte ihr Sachen, die sie lieber nicht erfahren hätte. Warum nur wurden einige Männer nach dem Sex so geschwätzig? Michèle fragte sich oft, was Kevin mit ihr anstellen würde, wenn er die Lust an ihr verlor; ob er sie am Ende einfach durch eine andere ersetzen oder für immer verschwinden lassen würde? Dieses Weihnachten wurden ihre Fragen beantwortet. Nun wusste Michèle, wozu er fähig war.

Das an Weihnachten hätte Kevin nicht tun dürfen.

Michèle briet Spiegeleier und legte sie vorsichtig übereinander in eine Thermoverpackung. Die Matjesfilets kamen in eine separate Box. Ganz zum Schluss holte sie eine Dose verdorbene Sardinen aus dem Küchenschrank. Sie hatte von der Rückrufaktion aus Supermärkten gehört und wusste aus der Heimat, wie gefährlich die kleinen Fische werden konnten. Bei falscher Lagerung bildeten Bakterien ein Nervengift, das erst Schwindel hervorrief, dann Lähmungserscheinungen verursachte und trotz medizinischer Hilfe sogar tödlich enden konnte. Es hatte solche Fälle in Marseille gegeben, als Michèle eine Jugendliche war. Besucher eines Hafenlokals hatten nach dem Genuss von Pasta mit Sardinen fürchterlich gelitten. Fünf Menschen kamen ins Krankenhaus, zwei von ihnen starben. Es ließ sich also ausrechnen, was passieren würde, wenn man es mit dieser Vergiftung zu keinem Arzt mehr schaffte.

Die Französin schluckte schwer, als sie den Inhalt der kleinen Dose mit einem Pürierstab zerkleinerte. Sie musste an ihren jüngeren Bruder denken, der ihr nach Hamburg gefolgt war. Pierre war ein lieber Junge, nur nicht sehr geschickt im Umgang mit Menschen. Schon als Kind hatte er das Talent, seinen Freunden auf die Nerven zu gehen. Das wurde bei ihm leider auch als Erwachsener nicht besser. In Marseille wurde es deshalb irgendwann brenzlig für ihn, und er floh zu seiner großen Schwester nach Hamburg.

Immer wieder schanzte Michèle ihm kleine Arbeiten auf dem Kiez zu. Nur die wenigsten wussten, dass er ihr Bruder war. Doch das Geld, das er verdiente, war immer schnell wieder ausgegeben. Manchmal wusste er nicht, wo er schlafen sollte. Dann musste Michèles Sofa in ihrer sowieso schon kleinen Wohnung herhalten. Als sie von Kevin in der HafenCity einquartiert wurde, ließ sie Pierre dauerhaft in ihre Kiezbude einziehen. Die kleine Miete, die sie dafür vereinbart hatten, kam nicht ein einziges Mal bei ihr an. Aber das nahm Michèle ihrem kleinen Bruder nicht übel. Hauptsache, sie wusste, dass es ihm gut ging.

Kurz vor Weihnachten war er wieder pleite und bettelte Michèle an. »Ich habe es satt. Immer dasselbe mit dir. Aber von mir bekommst du nichts mehr, du kleiner Nichtsnutz«, hatte sie geschimpft. Bei dem Gedanken daran kamen ihr nun die Tränen. Wieso hatte sie ihm nicht einfach etwas Geld gegeben? Stattdessen schlug sie ihm einen weiteren Job vor. Keine schwere Sache. Dazu wäre Pierre sowieso nicht in der Lage gewesen. Nein, er sollte sich einfach ein Kostüm besorgen und an Heiligabend für Kevins Kinder den Weihnachtsmann spielen. Die Sprache war dabei kein Problem. Durch ihre deutsche Mutter waren beide zweisprachig aufgewachsen. Michèle wusste, dass der Weihnachtsmann, den Kevin die Jahre davor engagiert hatte, im Sommer gestorben war. Und durch einen Zufall hatte sie mitbekommen, wen Kevin beauftragt hatte, einen neuen Geschenkeboten zu finden.

»Reiß dich gefälligst zusammen«, hatte sie Pierre eingebläut, als die Sache vereinbart war. »Trink vorher nichts. Und sei verdammt noch mal pünktlich.«

»Bin ich ein Baby? Du musst mir nicht alles sagen!«

Oh, Pierre. Hätte ich dir doch nur nie diesen Vorschlag gemacht.

Jetzt war er tot.

Pierre hatte den Auftritt auf ganzer Linie vermasselt, und Kevin war kein Mann, der leicht verzieh. Michèle erfuhr es am zweiten Weihnachtstag. Kevin hatte sich für den Nachmittag von seiner Familie losgeeist. Wütend erzählte er Michèle von jenem Vollidioten, der bei ihm zu Hause den Weihnachtsmann gespielt hatte. Dass er betrunken gewesen sei und seiner Frau ein obszönes Geschenk mitgebracht habe. »Na, der wird nie wieder Weihnachtsmann spielen«, schloss er die Geschichte ab und zog Michèle auf seinen Schoß. Bis dahin hatte sie immer wieder vergeblich versucht, Pierre zu erreichen. Nun wusste sie, dass ihr Bruder nie wieder ans Telefon gehen würde.

Michèle zeigte keine Regung bei Kevin. Sie war viel zu erschüttert, ihr Inneres wie tot. Noch am Abend erfuhr sie im Internet von den verdorbenen Sardinen und der Rückrufaktion aus dem Lebensmittelhandel. Das konnte kein Zufall sein. Sofort begriff sie, was zu tun war. Denn die verlorenen Kinder aus Marseilles Hochhausburgen hatten ihren eigenen Ehrenkodex. Sie sprachen niemals mit der Polizei und hielten bedingungslos zusammen. Im Zweifel bis in den Tod.

Am ersten Tag nach Weihnachten lief Michèle durch die Supermärkte der Stadt. Und endlich hatte sie Glück. In einem Regal, ganz hinten, lagen noch drei Sardinendosen mit dem richtigen Mindesthaltbarkeitsdatum. Um an der Kasse nicht noch aufgehalten zu werden, ließ sie die Dosen in ihrer Tasche verschwinden und kaufte stattdessen Champagner.

Michèle schaltete den Pürierstab aus und betrachtete die ölige Masse in der Rührschüssel. Eine Dose erschien ihr plötzlich zu wenig. Zur Sicherheit öffnete sie noch die beiden weiteren und zerkleinerte die Sardinen ebenfalls mit dem Pürierstab. Dann mischte sie den Brei unter den fertigen Labskaus und schnupperte am Ergebnis. Der Fischgeruch ließ sich nicht leugnen, doch die Matjesfilets, die sie dazu servieren würde, lenkten hoffentlich davon ab.

Auch für den roten Brei hatte Michèle eine Thermoverpackung bereitgestellt. Sie würde Kevin mit seinem Lieblingsessen überraschen. Alle Pakete wanderten in eine Styroporkiste, wie sie von Lieferdiensten benutzt wurden. Der Deckel quietschte, als Michèle ihn festdrückte. Ach, fast vergessen … Sie öffnete noch einmal den Kühlschrank und holte den Champagner heraus. Damit es besser rutscht, dachte sie.

Kevin hätte es nicht tun dürfen. Nicht das. Den Weihnachtsmann bringt man nicht einfach um!

SABINE

Sabine küsste ihre Mutter zum Abschied auf die Wange. Der Heiligabend war wunderbar verlaufen. Sogar Papa hatte sich gut mit Stefan unterhalten. Reichlich Rotwein vor, zum und nach dem Essen hatte seinen Teil dazu beigetragen. Doch Sabine wollte nicht undankbar sein. Ein beschwipster Papa war ihr allemal lieber als ein mürrischer. Zumal sie Stefan zum ersten Mal mit nach Hause gebracht hatte. Sie waren erst zwei Monate zusammen. Stefan hatte sich zu Semesterbeginn im Vorlesungssaal neben Sabine gesetzt. Ihre Kommilitoninnen fanden ihn etwas merkwürdig, doch sein jungenhaftes Lächeln verzauberte Sabine sehr schnell. Und das tat es auch jetzt, als er die Geschenke in den Kofferraum ihres Leihautos legte und Sabine verschmitzt von unten ansah.

»Auf zur nächsten Schlacht?«, fragte er.

Sabine küsste ihn zur Antwort.

»Ich hoffe, du hast gute Nerven«, meinte er, als sie sich wieder trennten.

»So schlimm?«

»So schlimm«, stimmte er schalkhaft zu.

Der Leihwagen brauchte etwas, um auf Betriebstemperatur zu kommen. Doch dann lief die Klimaanlage an, und beide konnten ihre Winterjacken öffnen. Die Straßenverhältnisse auf der Autobahn waren gut und die Fahrbahnen leer. Trotzdem brauchten sie fast zwei Stunden, um nach Hamburg zu kommen. Auf den letzten 50 Kilometern hatte Schneetreiben eingesetzt. Regelmäßig quietschten die Wischer über die Windschutzscheibe.

»Sieht das nicht herrlich aus?«, meinte Sabine glücklich. Die Vorgärten und Hausdächer der Hansestadt strahlten weiß. Lichter brannten hinter den Fenstern. Viele Haustüren waren mit Lichterketten geschmückt. Sabine kannte Hamburg aus der Schulzeit. Sie war auf einer Klassenfahrt hier gewesen, hatte den Hafen und die Innenstadt kennengelernt. Aber über die Wohnsiedlungen in den Randgebieten wusste sie nichts. Wie groß die Stadt sein musste.

Die Digitalanzeige im Armaturenbrett sprang auf 2 Uhr. Sie waren eindeutig zu lange bei ihren Eltern geblieben. Doch Stefan beruhigte sie, als Sabine dafür um Entschuldigung bat. »Bei uns werden immer erst am Weihnachtsmorgen die Geschenke verteilt. Meine Eltern schlafen längst. Und Thomas und Anja auch.«

»Aber vielleicht hätten sie uns vorher gerne guten Abend gesagt. Damit sie wissen, wer heute Nacht bei ihnen schläft.«

Stefan winkte ab. »Du bist doch meine Weihnachtsüberraschung für sie.«

»Ich? Na, da werden Thomas und Anja aber enttäuscht sein, wenn du keine anderen Geschenke mitbringst.« Sabine grinste, wusste sie doch, was im Kofferraum für Stefans jüngere Geschwister lag.

Endlich hielten sie am Bordstein. »Wir sind da.«

Hinter einer niedrigen Hecke konnte Sabine ein Reihenhaus sehen, dessen Lichter alle schon erloschen waren. Stefans Eltern und die Geschwister schienen wirklich schon zu schlafen. Das Mittelreihenhaus lag als einziges der Straße in völliger Dunkelheit da.

»Bloß nicht klingeln«, meinte Stefan, als Sabine durch den Vorgarten auf die Haustür zuging. Er trug ein paar Geschenkschachteln unter dem linken Arm und zog mit der freien Hand einen Schlüssel aus der Jackentasche. »Lass mich mal vor.«

Im Hausflur konnten sie dann nur noch flüstern. Stefan legte die Geschenke auf eine Treppe, die nach oben führte. »Ich zeige dir schnell alles.«

Leise wie die Weihnachtswichtel schlichen sie durch das Untergeschoss. »Links Küche und Vorratskammer.«

»Riecht gut«, gab Sabine zurück. »Weißt du, was es zu essen gab?«

»Das ist alles schon für morgen. Mama kocht für ihr Leben gerne«, erklärte Stefan. »Rechts die Tür zum Keller und das Badezimmer. Falls du noch duschen willst.«

»Dann wecke ich doch alle.«

»Die Schlafzimmer sind oben. Aber stimmt schon. Das Rauschen in den Wasserleitungen hört man im ganzen Haus.«

Sie gingen gerade den Flur entlang und kamen zur guten Stube. Sabine erkannte darin die Umrisse einer Sofagarnitur. Ein großer Stubenschrank zeichnete sich rechts von der Wand ab, und vor dem Fenster stand der Weihnachtsbaum. Lametta und Kugeln blinkten im

Licht einer Straßenlaterne, die jenseits des verschneiten Gartens stand. »Wow, Lametta. Dass es das noch gibt.«

»Bei uns jedes Jahr«, meinte Stefan und nickte wie selbstverständlich.

Sabine trat einen Schritt vor und krauste dann die Stirn. »Der ist ja aus Plastik.«

Eine elektrische Lichterkette verlief über die künstlichen Zweige. Sabine versuchte, sich ihre Enttäuschung nicht anmerken zu lassen, schaffte es aber nicht ganz. Der Baum bei ihren Eltern war immer echt. Und die Kerzen, die an Heiligabend angezündet wurden, dufteten nach Honig. Ihr Geruch machte für Sabine alles erst richtig festlich. »Warum ist der Baum denn aus Plastik?«

»Witzige Geschichte«, entgegnete Stefan, der den Unterschied zu Sabines Elternhaus nun ja kannte. »Erzähle ich dir oben. Komm, ich zeige dir mein Zimmer.«

»Vorher muss ich noch fünf Minuten ins Bad«, sagte sie und zwinkerte ihm zu.

»Ich gebe dir zwei.«

Natürlich knarrte die Treppe, und Sabine musste leise kichern, als sie hinter Stefan die Stufen hinaufging. Es klang, als seien wieder Weihnachtswichtel im Haus unterwegs. »Psst«, machte Stefan. Schnell zog er Sabine in sein Zimmer und drückte die Tür leise zu. Dann legte er die mitgebrachten Geschenke auf den Schreibtisch, an dem er früher bestimmt seine Hausaufgaben gemacht hatte, und tastete sich durchs Halbdunkel. Die Nachttischlampe flammte auf.

»Das ist aber schmal«, stellte Sabine mit einem Blick aufs Bett fest.

»Ich habe ja auch sonst immer allein darin geschlafen.«

»Immer?« Sabine hob fragend die Augenbrauen.

»Immer, mein Schatz«, bestätigte Stefan. »Aber geträumt habe ich dabei natürlich nur von dir.«

»Von mir? Du meinst bestimmt von all den hübschen Mädchen aus deiner Schule.«

»Immer nur von dir«, beharrte Stefan. Dann küsste er sie auf die Wange. »Ich verschwinde auch noch mal kurz ins Bad.«

»Ich gebe dir fünf Minuten«, erwiderte Sabine und blickte zu ihm auf. Das schummrige Licht im Zimmer hatte seine Pupillen geweitet.

»Ich schaffe es in zwei«, sagte er.

Als Stefan zur Tür hinausgeschlüpft war, drehte Sabine sich einmal langsam im Kreis. Das Zimmer war ihr fremd, das Haus sowieso, trotzdem fühlte sie sich hier wohl. Versonnen lächelte sie in sich hinein, dann zog sie ihre Schuhe aus und legte ihr Kleid auf den Schreibtischstuhl. Daneben drapierte sie die schwarzen Nylonstrümpfe und ihren BH. Das Zimmer war angeheizt, aber noch nicht richtig warm. Gänsehaut kroch über Sabines Körper. Nur noch im Slip schlüpfte sie unter die Federdecke. Das Bettzeug roch frisch gewaschen. Kurz überlegte sie, das Nachtlicht auszuschalten. Aber sie wollte Stefan sehen, wenn er zurück ins Zimmer kam.

Er brauchte zehn statt der versprochenen zwei Minuten. Sie sah, wie er seine Kleidung neben ihre auf den

Stuhl legte. Nackt wie Adam im Paradies ging er auf das Bett zu und kroch zu Sabine unter die Decke. Ihre schmalen Finger strichen durch Stefans Haare, während er sie küsste. Als seine Hand in ihren Slip wanderte, drehte sie den Kopf zur Seite. »Du hast was vergessen.«

»Was denn? Kondome? Die liegen in der Nachttischschublade und warten schon genauso lange wie ich auf dich.«

»Lustig, lustig, trallalallala«, erwiderte Sabine. »Nein, du hast nicht abgeschlossen«, flüsterte sie ihm dann ins Ohr.

»Ich kann nicht abschließen«, sagte er. »Es gibt keinen Schlüssel.«

Sabine erstarrte.

»Aber ich kann das Licht ausmachen, wenn du es möchtest«, schlug Stefan vor.

»Meinst du das ernst?«

»Alle Türen im Haus haben keinen Schlüssel. Das ist hier normal.« Stefan griff zur Nachttischlampe, und das Zimmer wurde dunkel. »Wir sind einfach leise wie die Mäuschen. Und ich verspreche dir, es kommt keiner rein.«

Für eine Weile war das Bett gar nicht mehr zu schmal für zwei. Danach dann doch wieder. Sabine quetschte sich ganz an die Wand, während Stefan versuchte, nicht von der Matratze zu plumpsen.

»Du wolltest mir doch noch was Witziges erzählen«, meinte Sabine, die sich so gar nicht müde fühlte.

»Wollte ich? Was denn?«

»Weshalb euer Weihnachtsbaum aus Plastik ist.«

»Ach ja, genau.« Stefan senkte die Stimme. »Mein Papa hat früher als Lokführer bei der S-Bahn gearbeitet. Hatte ich dir das schon erzählt?«

»Nein.«

»Nun ja, er hat es. Und da gibt es Feiertagsdienste mit Zuschlag. Papa hat immer so viele Dienste übernommen, wie er kriegen konnte. Und Überstunden haben ihm auch nichts ausgemacht. Er hatte ja drei Kinder. Verstehst du?«

Sabine stimmte leise zu.

»Deshalb hat er früher auch oft an Weihnachten gearbeitet. An einem bestimmten Heiligabend ist er dann erst nachts um 4 Uhr nach Hause gekommen. Zu Fuß. Und als er in unsere Straße einbog, hatte er das Blaulicht schon gesehen. Feuerwehr, Polizei und Rettungswagen waren da. Das ganze Aufgebot. Bei uns im Haus hatte es gebrannt. Ein Nachbar, der seinen Hund noch mal rausführen musste, hatte ein völlig schwarzes Küchenfenster bemerkt. Und es soll auch schon auf der Straße nach Feuer gerochen haben.«

Sabine ahnte, was passiert war. »Die Kerzen am Tannenbaum«, riet sie.

»Ganz genau. Damals gab es noch einen echten Baum mit echten Kerzen bei uns. Und weil mein Papa schön lange etwas davon haben wollte, wurde er schon immer am ersten Advent in die gute Stube geholt und geschmückt. Die Zweige waren deshalb an Heiligabend schon etwas trocken, obwohl Papa immer regelmäßig Wasser in den Baumständer gegossen hat. Eine Kerze war wohl noch nicht ganz aus, als alle anderen an diesem bestimmten Abend ins Bett gegangen sind.«

»Und dann hat der Baum gebrannt.«

»Ja, der Baum hat gebrannt. Zuerst nur geschwelt, wie sich später rausstellte. Deshalb die schwarzen Fenster. Rauchmelder waren damals noch keine Pflicht. Das eigentliche Feuer zündete erst durch, als die Feuerwehr die Tür öffnete. Das soll richtig gerumst haben. Weil sich der ganze Rauch im Haus ähnlich wie bei einer Mehlexplosion entzündet hat. Zum Glück konnte die Feuerwehr das Haus retten. Und auch fast alle Möbel. Aber seitdem gibt es keinen echten Tannenbaum mehr bei uns. Nur noch einen aus Plastik.«

Stefan holte tief Luft. Sabine wartete, dass er wieder ausatmete. Doch das dauerte etwas.

»Ehrlich gesagt, finde ich das gar nicht witzig«, stellte sie dann fest.

»Nein«, gab Stefan zu. »Aber du kennst ja auch noch nicht die ganze Geschichte.«

Sabine schluckte leise. »Was denn noch? Es ist danach doch allen gut gegangen? Ich meine, außer dem großen Schreck, den es bestimmt gegeben hat?«

»Weißt du, Rauch dringt durch jede Ritze«, erwiderte Stefan. »Und Rauch zieht immer nach oben. Du weißt ja, was hier oben ist.«

»Die Schlafzimmer«, stellte Sabine fest.

»Du kannst im Schlaf nicht riechen, habe ich mir sagen lassen. Und schon ein paar tiefe Atemzüge reichen, um das Bewusstsein zu verlieren. Rauchgasintoxikation nennt man das. Wenn sie zu stark ist, stirbt man.«

»Wer ist gestorben?«, fragte Sabine erschrocken.

»Alle«, antwortete Stefan.

»Wer *alle*? Das verstehe ich nicht.«

Wieder atmete Stefan tief durch. »Ich muss es andersherum erzählen. Du weißt ja, dass ich der Älteste bin. Dann kommt Thomas und zum Schluss Anja.«

»Hast du mir erzählt. Weiter …« Automatisch richtete sich Sabine im Bett auf. Sie konnte nur Stefans Konturen erkennen.

»Als ich 15 war«, sprach dieser weiter, »habe ich angefangen, mir Fragen zu stellen. Mir war schon immer alles irgendwie komisch vorgekommen. Man spürt so was. Es gab Wortfetzen zwischen meinen Eltern, die ich gehört hatte. Halbe Sätze hier und da. Über die Jahre haben sie sich zusammengefügt wie die Seiten eines Buches, die jemand vorher auseinandergerissen und aus dem Fenster geworfen hat. Irgendwann fängst du an, die ganze Geschichte zu begreifen.«

»Verstehe ich nicht.«

Stefan drehte den Kopf zu Sabine. »Gestorben ist damals Vaters erste Frau. Und gestorben sind seine ersten Kinder.«

Sabine legte sich eine Hand auf den Mund und schüttelte stumm den Kopf.

»Deshalb ist Papa auch so viel älter als Mama. Sie ist seine zweite Frau.«

»Das ist ja furchtbar«, sagte Sabine und streckte die Hand nach Stefan aus.

»Er hat lange gesucht, bis er die Richtige für einen Neuanfang gefunden hat. Mama sah damals aus wie seine erste Frau, als er sie geheiratet hatte. Und zufällig hieß sie auch Hannelore. Jedenfalls dachte ich zuerst, dass es ein Zufall sei. Bis ich weiter recherchierte. Ich habe die Nachbarn ausgefragt, nachdem ich das mit dem Feuer rausgekriegt hatte. Ich habe alte Zeitungen in der Bibliothek durchforstet und nach Informationen gesucht. Schließlich bin ich sogar aufs Standesamt gegangen, um unser Stammbuch einzusehen.«

Sabine schnürte es die Kehle zu. Sie wollte sich nicht vorstellen, was Stefan herausgefunden hatte.

»Papa und seine erste Frau hatten auch drei Kinder. Sie hießen Stefan, Thomas und Anja. Stefan war der älteste. Und er hatte mein Zimmer, bevor er starb. Um genau zu sein, bevor er hier in diesem Bett gestorben ist. Der Rauch erreichte nach und nach alle Zimmer. Alle sind im Schlaf erstickt. Auch Thomas und Anja.«

Stefan legte eine Hand auf Sabines Oberschenkel. »Ist das nicht witzig? So eine Familiengeschichte kann dir sonst keiner bieten.«

Die Decke war fast vollständig von Sabine hinuntergerutscht. Doch es war nicht die Kälte im Raum, die sie frieren ließ. Stefans Vater hatte sich nicht nur eine neue Frau genommen, die wie seine erste hieß. Er hatte auch seine drei Kinder nach jenen benannt, die beim Brand gestorben waren. Stefan, Thomas und Anja wuchsen in denselben Zimmern auf, in denen die anderen – Stefan, Thomas und Anja – gestorben waren. »Früher mussten die Türen immer einen Spalt offen stehen«, sagte Stefan.

Ein Tick von seinem Vater. Erst nach dem Feuer erlaubte er, dass die Schlafzimmertüren geschlossen wurden. Nur abschließen durfte weiterhin niemand.

»Stefan hatte damals seine erste Freundin zu Heiligabend mit nach Hause gebracht«, erzählte der neue Stefan über den älteren Halbbruder, den er nie kennengelernt hatte. »Das Mädchen durfte zum ersten Mal bei ihm schlafen. Ihr Name war Sabine. Sie ist auch hier gestorben. Genau wie alle anderen. Was glaubst du, wie schwierig es für mich war, eine eigene Sabine für mich zu finden. Ich meine, unsere Namen sind ja nicht mehr so häufig. Als wir geboren wurden, waren schon andere Namen beliebt. Emily, Michelle oder Jasmin bei den Mädchen. Finn, Jonas oder Lennard bei den Jungen. Aber Stefan und Sabine? Ich konnte es gar nicht glauben, als ich deinen Namen auf der Liste für organische Chemie entdeckt habe. Danach war es nicht schwer, dich in der Vorlesung zu finden. Zuerst dachte ich schon, ich gefalle dir nicht. Aber dann hat es ja zum Glück doch noch mit uns geklappt. Du glaubst nicht, wie froh ich darüber bin.«

Sabines Mund fühlte sich trocken an, doch sie sagte kein Wort. Irgendwann merkte sie, dass Stefans Atemzüge langsamer und tiefer wurden. Starr presste sie sich weiter an die Wand. Dann glaubte sie, Geräusche auf dem Flur zu hören. Irgendjemand kicherte direkt vor der Tür. Die Klinke schien sich zu bewegen. Treppenstufen knarrten. Es waren Stunden, in denen sie kein Auge zumachte. Erst als der Morgen graute, schob sie sich im Bett etwas tiefer. Als Stefan neben ihr erwachte, tat Sabine so, als würde sie noch schlafen. Leise stahl er sich aus dem Bett und verließ kurz darauf mit den Geschenken für seine Geschwister das Zimmer.

Sabine nahm einen Daumenknöchel quer in den Mund und biss fest darauf. Der Schmerz tat gut. Er war alles, was sie in diesem Moment fühlen wollte. Sie konnte die verstreichende Zeit nicht richtig einordnen. Wann war Stefan aus dem Zimmer gegangen? Wann hatte der andere Stefan in diesem Bett gelegen? Und die andere Sabine? Wann war der Rauch durch den offenen Türspalt zu ihnen ins Zimmer gekrochen?

Sabine schob die Federdecke weg und erhob sich. Sie zog ihr rotes Weihnachtskleid von gestern an. Das mit der Rüsche am Hals und dem Goldband am Saum. Sie schlüpfte in die Ballerinas, ging aus dem Zimmer und die Treppe hinunter.

»Sie kommt. Sie kommt«, rief eine Mädchenstimme halblaut. Als Sabine in die gute Stube trat, saßen sie alle um den Plastikweihnachtsbaum und sahen ihr entgegen: Papa Horst, Mama Hannelore, die Geschwister Thomas und Anja. Als Letzter drehte Stefan den Kopf in ihre Richtung. »Frohe Weihnachten«, wünschte er.

»Frohe Weihnachten«, wünschten alle anderen.

Sabine versuchte zu lächeln. »Frohe Weihnachten«, erwiderte sie. Dann breitete sie die Arme aus und ließ sich von Anja umarmen. Noch vor dem Frühstück wurden die Geschenke ausgetauscht. Erst dann deckte Hannelore den Tisch. Anja und Thomas halfen, wo sie konnten. Bald roch es nach frisch aufgebrühtem Kaffee und Aufbackbrötchen. Stefan umarmte Sabine fest. »Was ist?«, fragte er dann. »Nicht gut geschlafen? Du siehst so verändert aus.«

Sabine wusste nicht, was Stefan meinte. Sie trug doch dasselbe Kleid wie am Abend. Dann ging sie ins Badezimmer und sah sich im Spiegel an. Bis gestern hatte sie pechschwarze Haare gehabt. Doch nun war da eine breite weiße Strähne, die ihr direkt in die Stirn fiel.

WOLFSMOND

Tobias Phennig fuhr mit etwas zu viel Schwung in den Wendehammer unterhalb der künstlichen Burgruine. Das ABS-System seines BMW X7 stotterte, als er auf dem verschneiten Untergrund auf die Bremse trat. Das Auto war ein Kraftprotz. Eigentlich passte der große Wagen nicht zu Phennig, der lieber leise und unauffällig auftrat. Doch die Ruhe in der Luxuskarosse gefiel ihm. Eine Fahrt mit 200 Stundenkilometern über die Autobahn fühlte sich in diesem Wagen wie ein gemütlicher Sonntagsausflug an. Wind- und Fahrgeräusche gab es in der Fahrerkabine so gut wie keine. Ideal für den Klassikliebhaber.

Phennig blickte zu der Burgruine auf, die sich hinter kahlen Baumwipfeln versteckte. Rechts von ihm rauschte die Poppenbüttler Schleuse. Als er merkte, wie fest er das Lenkrad umklammerte, ließ Phennig los und streckte die rechte Hand aus. Seine Finger zitterten. Verdammt. Falscher Moment für so etwas. Heute musste er cool bleiben. Heute durfte er auf keinen Fall die Nerven verlieren. Denn heute begann der Rest seines Lebens.

Als Geschäftsführer und Buchhalter in Personalunion hatte er für den Boss alles gemacht, was der von ihm verlangt hatte. Fantasievolle Bilanzen für den Klub erstellt.

Wohnungen verschoben. Gesetze umgangen. Der Boss stand immer und überall im Mittelpunkt, doch Phennigs Name auf der Steuererklärung. Als Risikozulage zahlte Phennig sich dafür immer wieder kleine Summen selbst aus, die sich gut in den Büchern verstecken ließen. Der Boss hätte es von allein nie gemerkt. Leider waren die Steuerprüfer, die Anfang Dezember im Laden aufgetaucht waren, weitaus besser mit Zahlen. Man gab ihm für die Zeit zwischen den Jahren Gelegenheit, die Fehlbeträge zu erklären. Andernfalls drohten Schimpf, Schande und Gefängnis. Alles nichts im Vergleich zu dem, was der Boss mit ihm anstellen würde, sollte der Betrug herauskommen.

Phennig fuhr einen schmalen Weg hinauf und passierte das schmiedeeiserne Schlosstor. Der Boss mietete regelmäßig Burg Henneberg zum Pokern. Eine erlesene Auswahl von Halsabschneidern saß dann vom frühen Abend bis zum Sonnenaufgang des nächsten Tages bei Zigarrenrauch und klirrenden Eiswürfeln im Rittersaal zusammen. Die Einsätze waren hoch. Schuldscheine gab es nicht. Auf dem Tisch wurde um echtes Bargeld gespielt. Viel Bargeld. Genug, um das Loch auf dem Bilanzkonto zu stopfen. Phennig brauchte einfach nur zu gewinnen.

Der Fuhrpark auf dem kleinen Vorplatz verriet, dass Phennig der Letzte war, der zur Pokerrunde eintraf. Kein Zufall. Er wollte ganz hinten stehen, um als Erster wieder wegzukommen. Das Alsterschlösschen selbst war die künstliche Ruine einer Burg, wie sie sich der Erbauer Ende des 19. Jahrhunderts vorgestellt hatte.

Ihre Mauern erhoben sich auf einem hierfür extra aufgeschütteten Hügel. Zu seinen Füßen verlief der an dieser Stelle noch junge Alsterlauf, der erst ein gutes Stück flussabwärts zur Außen- und Binnenalster anschwoll, bevor ihr Wasser in die Elbe floss. Die Räumlichkeiten im Hauptgebäude der Burg waren klein. Das ließ sich bereits von außen erkennen. Der Rittersaal mit Empore war nicht viel größer als ein gewöhnliches Wohnzimmer. Das Turmzimmer bot mit einem Durchmesser von 1,90 Metern nicht einmal Platz für ein richtiges Bett. Trotzdem machte der zwölf Meter hohe Burgturm Eindruck. Als Phennig aus dem Wagen stieg und den Kopf hob, stand ein riesiger Mond hinter dem Bauwerk. Die Turmspitze spießte ihn geradezu auf.

Ein beleuchteter Fußweg führte um die Burgruine herum und gewann dabei schnell an Höhe. An seinem Ende wartete eine steile Steintreppe, bei der sich Phennig zum Aufstieg an einem eisernen Geländer festhielt. Geradeaus gab es einen Wehrgang mit der Attrappe einer kleinen Kanone. Links ging es zum Eingang der Burg. Phennig schob einen roten Vorhang zur Seite. Eine Wendeltreppe führte den Turm hinauf. Er ging daran vorbei durch einen schmalen Gang, an dessen Ende der Rittersaal lag. Es gab nur wenig elektrisches Licht, lediglich zwei Wandlampen. Der Rest des Raums wurde durch Kerzenschein erhellt. Diese steckten in Wandhalterungen mit tellergroßen Spiegeln. Ein niedriger Holzofen sorgte für die nötige Wärme an diesem kalten Winterabend. Unter der Empore, die durch eine schmale Stiege zu erreichen war, standen zwei Tische. Sie dienten als

Bar. Herzstück des Raums war ein weiterer Tisch mit vier Stühlen. In seiner Mitte lagen drei Mobiltelefone. Phennig legte seines dazu. Er war der letzte Gast des Abends.

»Schlagring, Messer und Pistole auch«, forderte ihn Jeffrey Probst mit einem schiefen Grinsen auf. Jeffrey war ein dürrer kleiner Kerl, den schon mancher unterschätzt hatte. Bei einer Schlägerei hatte er die oberen Schneidezähne verloren. Statt sie mit Stiftzähnen zu ersetzen, ließ er sich eine Brücke aus Silber einbauen. Es sollte ihn wohl gefährlich aussehen lassen. Und das funktionierte! »Nur ein Witz, Phennig. Nur ein Witz. Musst nicht so erschrocken gucken.«

Der Boss selbst war etwa doppelt so breit wie Jeffrey und mindestens zwei Köpfe größer. Er trug ein weißes Oberhemd, unter dem sich Muskeln spannten. Nacheinander sammelte er die Telefone in einen Beutel, trug diesen zu einer Abseite unter der Emporentreppe und legte sie in ein Regal. »Ich hoffe, die Dinger sind alle aus. Wenn was bimmelt, zahlt der Besitzer Konventionalstrafe. Wir verstehen uns!« Zurück kam er mit einem Paket Spielkarten. »Nimm dir was zu trinken, Phennig. Damit wir endlich anfangen können.«

Phennig schenkte sich unterhalb der Empore ein Glas Ginger Ale ein, das zum Mixen dastand. Den Rum ließ er weg. Phennig musste heute einen klaren Kopf behalten.

»Habt ihr den riesigen Mond draußen gesehen?«, fragte der vierte Mann der Pokerrunde. Ibrahim Salaa arbeitete ebenfalls für den Boss. Er trug einen teuren

Anzug mit Hemd und Weste. Seine Haut sah dunkel, glatt und kühl aus. Beinahe konnte man vergessen, dass er ein mindestens so brutaler Schweinehund wie Jeffrey war. »Das ist der Wolfsmond.«

»Hä?«, wunderte sich Jeffrey.

»So heißt der erste Vollmond des Neuen Jahres.«

»Aber heute ist Silvester.«

»Und Vollmond erst um 4.38 Uhr. Da ist schon Neujahr.«

»Warum Wolfsmond?«

»Spielen wir jetzt oder tratschen wir?« Der Boss saß schon am Tisch und packte das neue Kartendeck aus. Ibrahim Salaa setzte sich mit einem Glas Wasser neben ihn. Dann kam Jeffrey. Phennig nahm den letzten Stuhl. Schon flogen die Karten über den Tisch. Der Boss gab als Erster. »Zieht eure Brieftaschen«, sagte er lachend. Er legte den Stapel zur Seite und sah seine Karten an.

Mindesteinsatz waren 50 Euro. Jeder legte einen Schein in die Tischmitte.

Der Boss fragte: »Wie viele, Salaa?«

»Ich nehme drei.« Ibrahim Salaa legte drei Karten ab und bekam drei neue.

Das erste Spiel ging schnell. Nach kaum zehn Minuten holte sich Salaa die in die Mitte geschobenen Geldscheine. Er hatte mit drei Damen gewonnen. »Weil man die Wölfe in der kalten Winterluft besser heulen hört«, sagte er dabei und grinste Jeffrey an. »Deshalb Wolfsmond.«

»Sehr witzig.«

»Wirklich. Früher war das so.«

Der Boss schnitt die Spitze einer Zigarre ab und röstete den nun flachen Teil mit einem Feuerzeug. Dann steckte er sich die andere Seite in den Mund. Paffend ließ er die Zigarre aufglühen. »Phennig, du mischst. Wenn ich meinem Phennig nicht vertrauen kann, wem dann?«

Die Vertrauensperson vom Boss kannte verschiedene Methoden, um beim Poker zu betrügen. Die Karten konnten mit unsichtbarer Farbe markiert werden. Doch dann brauchte man eine Spezialbrille, um sie zu erkennen. Es gab Kartendecks mit versteckten Mustern auf dem Rücken. Wenn man sie ins Spiel brachte und wusste, worauf man zu achten hatte, war das eine feine Sache. Karten ließen sich sogar radioaktiv markieren. Doch Phennig wusste weder wo er das dafür nötige Jod 125 noch den entsprechenden Minidetektor herbekommen sollte. Was er konnte, war Kartenzählen. Eine Fähigkeit, die beim *17 und 4* funktionierte, nicht aber beim Poker, wo die Karten verdeckt gegeben und abgelegt wurden. Nur beim All-in und Showdown zeigten die Spieler ihr Blatt. Aber dann war die Runde schon zu Ende. Also entschied Phennig sich für die älteste aller Schummeleien. Er markierte die Karten während des Spiels, indem er sie mit dem Fingernagel auf der Rückseite oder an den Kanten bearbeitete. Nach einigen Runden, in denen er mit möglichst geringem Einsatz spielte, wusste er dann zumindest die Karten mit hohen Werten auf den Händen seiner Gegner zu unterscheiden. Nun konnte er anfangen, den Pott in der Mitte in die Höhe zu treiben. Und siehe da, das Spielglück wendete sich ihm zu.

»Verdammt, Phennig«, donnerte der Boss, als der Geldhaufen neben seinem Geschäftsführer immer höher wurde. »Kannst du nicht nur mit Zahlen, sondern jetzt auch noch mit Karten?«

Phennig fiel vor Schreck fast vom Stuhl. Seine Stirn glitzerte feucht, und er war kurz davor, sich auf den Tisch zu übergeben.

»Dich lasse ich nicht mehr austeilen!« Der Boss schickte seinen Worten ein Zwinkern hinterher.

Ibrahim Salaa war sowieso mit Geben dran. Er ließ sich die Karten zuschieben, zählte sie und betrachtete sie von allen Seiten. Dann sah er zu Phennig hinüber. Der mied den Augenkontakt. »Schlage vor, wir nehmen ein neues Deck. Ist das in Ordnung?«, fragte Salaa.

Der Boss nickte.

Salaa zerriss die Karten stapelweise und warf sie in einen Papierkorb. Dann öffnete er eine neue Verpackung.

Neben Phennig lagen 10.750 Euro in drei Stapeln. 30 Zweihunderter, 32 Hunderter und 31 Fünfziger. Bei Weitem nicht genug, um sich damit an den Haaren selbst aus dem Sumpf zu ziehen. Zumal 3.000 als Spielgeld aus seiner eigenen Tasche stammten.

Phennig lebte gerne auf großem Fuß. Deshalb gab es kein Erspartes, auf das er zurückgreifen konnte. Sogar der BMW X7 war nur geleast. In den Büchern der letzten beiden Jahre fehlten rund 90.000 Euro. Eine Summe, die bei derartigen Pokerrunden problemlos über den

Tisch ging. Der Abend war ja noch jung. Aber Salaa hatte Phennig nun offenbar auf dem Kieker. Das neue Deck wie zuvor mit dem Fingernagel zu bearbeiten, konnte gefährlich werden. Auch wenn alle fein angezogen waren, durfte Phennig nicht vergessen, dass er mit Verbrechern am Tisch saß. Er selbst verbog Statistiken und Zahlen, Salaa und Jeffrey hingegen brachen Knochen. Darunter auch schon mal ein Genick.

Salaa gab die Karten aus. Zur kleinen Straße fehlte Phennig eine zehn. Vielleicht musste er gar nicht schummeln. Doch am Ende der Runde sackte Jeffrey mit einem Full House den Pott ein. Phennigs Magen rebellierte, als er sah, wie der Scheißkerl auch seinen eigenen Einsatz zu sich herüberzog.

Wieso musste die Buchprüfung ausgerechnet dieses Jahr stattfinden? Vorher lief alles so prächtig. Phennig hatte Alisha kennengelernt und aufgehört, sein Geld an käufliche Frauen zu verschwenden. Alisha arbeitete hinter dem Hauptbahnhof in einer Boutique für Herrenmode. Ihre Beratung war fachkundig und witzig. Dazu hatte sie kastanienbraune Haare und freche Sommersprossen auf dem Nasenrücken. »Trinken wir zusammen einen Kaffee, wenn ich das hier alles kaufe?«, hatte er auf dem Weg zur Kasse gefragt. »Wir trinken auch einen Kaffee, wenn Sie nichts kaufen«, war ihre unerwartete Antwort gewesen. Aus der Kaffeepause wurde ein ganzer Nachmittag. Am Abend sagten sie dann nicht mehr Sie zueinander.

Ich glaube, ich bin verliebt, bemerkte Phennig überrascht und starrte auf das neue Blatt in seiner Hand. Ich muss doch irgendwie aus dieser beschissenen Situation rauskommen. Schon allein wegen Alisha. Gefängnis ist keine Option. Und mit Betonfüßen will ich auch nicht in der Elbe liegen. Heute Abend könnte ich locker alles zurückgewinnen. Die Flocken liegen auf dem Tisch. Nur Salaas Argusaugen und Jeffreys fiese Schlägervisage stehen mir im Weg. Dem Boss ist es egal, ob er gewinnt oder verliert. Er will nur seinen Pokerabend mit Zigarren und teurem Whisky genießen.

Vorsichtig schabte Phennig die obere rechte Kante des Pik Königs an. Kreuz König wäre oben links gewesen. Die roten Farben unten. Phennig hatte sich die Zeichen selbst ausgedacht und zu Hause geübt. Er schien stets über seinem Blatt zu brüten, während er die Markierungen platzierte.

Langsam drehte sich danach das Glück wieder zu seinen Gunsten. Kurz vor Mitternacht lagen 75 Zweihunderter, 98 Hunderter und 100 Fünfziger neben Phennig. Zusammen waren das 24.800 Euro. Phennig kannte die Summe genau, ohne die Stapel zählen zu müssen. Er sah einfach zu, was die anderen in den Pott legten und verrechnete es in jeder Runde mit seinem eigenen Einsatz. Zahlen waren einfach seine Babys. Und im Moment waren die Zahlen auf seiner Seite. Dann erklangen Schritte auf dem Gang zum Rittersaal, obwohl niemand mehr erwartet wurde. Der Boss sah von einem zum anderen, nahm den angesabberten Zigarrenstummel aus dem Mund und drehte sich genervt um. »Wenn man einmal seine Ruhe haben will.«

Salaa war ungemein schnell auf den Beinen und verschwand im Gang nach draußen. Garantiert war er bewaffnet. Doch statt einer Auseinandersetzung hörte Phennig eine weibliche Stimme. Als Salaa zurückkam, stöckelte vor ihm eine Blondine im Steppmantel auf High Heels herein. Sie hielt eine Champagnerflasche in die Höhe. Es war die Freundin vom Boss. »Ach, schau nicht so böse, Baby«, sagte sie. »Ohne mich hättet ihr doch glatt die Zeit verpasst, stimmt's? Jeffrey, lauf schnell nach unten, im Kofferraum steht eine weiße Kiste, da sind Champagnergläser drin. Bring am besten gleich die ganze Kiste mit. Aber Vorsicht auf der Treppe. Nichts fallen lassen.«

Der Boss blickte noch immer mürrisch drein, nickte Jeffrey dann aber zu. Der hatte sich zuvor keinen Zentimeter gerührt. Er kannte Michèle, wie alle anderen im Raum, noch aus dem Stripklub. Deshalb schien es ihm schwerzufallen, einen Auftrag von ihr anzunehmen. Auch wenn die Französin jetzt nur noch für den Boss in seiner Zweitwohnung tanzte. Die Kopfbewegung vom Boss reichte aber, um ihn hinunter zum Parkplatz zu schicken.

Michèle warf ihren langen Mantel auf einen freien Stuhl. Ihr trainierter Körper steckte in einem glitzernden, eng geschnittenen Kleid, als sei sie auf dem Weg zu einem Silvesterball. Sie zog das Kleid leicht hoch und schwang ein Bein durch die Luft, um sich auf dem Schoß vom Boss niederzulassen. Dann küsste sie ihn leidenschaftlich.

Phennig stand vom Tisch auf, um der Situation zu entfliehen, und schenkte sich noch ein Glas Ginger Ale ein.

Plötzlich stand Salaa neben ihm. In Plauderton sagte dieser: »Ich weiß, was du hier abziehst, Phennig. Ich weiß nur nicht, warum du es tust. Aber wenn ich es herausfinde, wird es übel für dich.« Die paar Worte reichten, um Phennig wie ein Faustschlag in den Magen zu treffen. Als Michèle die Champusgläser füllte, zitterte seine Hand wie vorhin im Auto.

»Mach ich dich nervös?«, scherzte Michèle. Dann streckte sie ihr eigenes Glas in die Höhe und hing sich an den Arm vom Boss, um auf dessen Luxusuhr zu sehen. Ihre rot geschminkten Lippen zählten den Silvester-Countdown. »Frohes Neues Jahr, ihr Halunken«, rief sie dann lachend.

Glas klirrte aneinander. Michèle umarmte jeden einzelnen. Phennig konnte spüren, wie sich ihre Brust an seine drückte. Ihr Parfüm war dezent und gleichzeitig aufregend. Wie es wohl hieß? Vielleicht sollte er Alisha ein Fläschchen davon schenken.

Alisha.

Der Gedanke an seine neue Freundin schmerzte. Warum musste er nur in dieser Scheiße stecken? Das bis jetzt gewonnene Geld würde nicht reichen, um sich aus seiner Lage zu befreien. Er brauchte mehr. Doch selbst wenn er es bekam, was dann? Salaa saß ihm im Nacken, und der Boss war nicht gerade für seine Gnade bekannt. Wenigstens wusste er nichts von Alisha. Sonst wäre auch ihr Leben in Gefahr.

»Jetzt noch eine kleine Stärkung«, sagte Michèle, während sie ihr Glas wegstellte und zu der weißen Styroporkiste ging, die Jeffrey vom Parkplatz heraufgetragen und auf den zweiten Tisch neben der provisorischen Bar gestellt hatte. »Und danach verschwinde ich wieder wie Aschenputtel vom Ball des Prinzen.«

Der Boss legte den Kopf leicht auf die Seite und zeigte zwei tiefe Stirnfalten. Er wollte weiterpokern. Doch dann verkündete Michèle, dass sie extra zu Silvester sein Leibgericht gekocht hatte. »Labskaus mit Spiegeleiern und Heringsfilet. Ich weiß doch, was für einen Appetit ihr Männer nach Mitternacht habt.«

Sie zwinkerte dem Boss zu. Thermoverpackungen wurden geöffnet, rotes Labskaus auf vier Teller verteilt und mit Beilagen versehen. Zum Schluss legte Michèle noch jeweils eine Gewürzgurke neben den Fisch. »Lass es dir schmecken, Chéri.« Sie beugte sich vor, damit nicht alle es hören sollten, doch sie sprach für Phennigs Ohren laut genug. »Den Nachtisch gibt es nachher bei mir. Du kommst doch noch vorbei?«

Der Boss nickte, während er sich eine beladene Gabel zwischen die Zähne schob und grinsend zu kauen begann.

»Ist es noch warm genug?«

»Nicht so heiß wie du, Baby, aber es schmeckt. Und nun lass mich mein Labskaus genießen.«

»Isst du nichts?«, fragte Jeffrey.

»Ihr französischer Magen verträgt die norddeutsche Küche nicht«, antwortete der Boss für Michèle. Dabei lachte er mit vollem Mund.

Der Boss gab Michèle nach dem Essen einen Klaps auf den Hintern und sagte, sie solle sich einen Stuhl heranziehen. Er brauche sie als Glücksbringer, um an diesem Abend nicht jeden Pfennig an Phennig zu verlieren. Michèle sträubte sich zunächst, schien es plötzlich eilig zu haben, doch der Boss bestand darauf, dass sie blieb. Also nahm sich die 24-Jährige etwas zu trinken, setzte sich neben den Tisch und begann zu rauchen. Dabei huschte ihr Blick immer wieder von einem zum anderen. Fast so, als wollte sie die Anwesenden mit ihren strahlenden Augen röntgen.

Phennig fühlte sich leicht schwindelig, während sein Blick auf einem Wappen mit zwei Türmen und zwei Löwen haftete, das an der Wand hing. Darunter kreuzten sich zwei Schwerter. Als Nächstes bemerkte Phennig, dass er nicht mehr wusste, wie viel Geld neben ihm lag. Die Stapel waren höher als zuvor. Aber er kannte die Summe nicht. Allgemein schien der Abend seinen Schwung verloren zu haben. Vor Mitternacht wurden nicht nur Karten, sondern auch Sprüche geklopft. Der Boss lachte gerne dröhnend. Doch nun lachte er schon länger nicht mehr.

Phennig spürte, wie Michèle ihn ansah. Gänzlich ohne Lächeln. Ihr sonst hübsches Gesicht wirkte auf diese Weise viel weniger hübsch. Sie goss sich den Rest Champagner ein und trank. Phennig sah roten Lippenstift am Rand des Glases kleben, als sie es wieder abstellte. »Ihr seid nicht betrunken«, sagte sie nun mit ihrem hinreißenden französischen Akzent. »Auch wenn ihr das vielleicht denkt. Was ihr spürt, ist eine Vergiftung. Übelkeit, Schwindelgefühl und schließlich Muskellähmung. Das alles hat nichts mit Alkohol zu tun.«

Die Augen vom Boss wanderten in ihre Richtung.

»Das Labskaus«, fuhr Michèle fort. »Eure norddeutschen Mägen können nicht ab, wie eine Französin ihn zubereitet. Nämlich mit verdorbenen Sardinen. Ich habe sie unter die Rote Bete und den Kartoffelmatsch gerührt. Vielleicht hat es deshalb etwas salziger als sonst geschmeckt. Aber der Hering hat den Fischgeschmack überdeckt, nicht wahr?«

Die Hand vom Boss rückte ein Stück nach rechts. Doch er schaffte es nicht, sie zu erheben und nach Michèle zu schlagen. Salaas Augen wanderten derweil zum Regal unter der Treppe, auf das der Boss die eingesammelten Handys gelegt hatte. Ein Notarzt musste her.

Michèle bemerkte den Blick. Nun konnte sie plötzlich wieder lächeln. »Geh und hol dir dein Telefon, wenn du es schaffst, Salaa.«

Sie steckte sich eine Zigarette an und erhob sich. Langsam schritt sie um den Tisch herum. »Ihr alle vier habt den Tod verdient.« Sie legte Salaa eine Hand auf die Schulter. »Du bist ein Menschenschinder. Gemein und böse. Die Mädchen im Klub fürchten dich, weil du weißt, wie man ihnen wehtut.« Michèle ging weiter und streichelte durch Jeffreys Haare. »Du bist dumm, aber genauso gemein wie Salaa. Zusammen seid ihr das perfekte Mörderteam.« Nun streichelte sie Phennig über die Wange. »Und hier le Monsieur Geschäftsführer, der den Menschen ein freundliches Gesicht zeigt und dem Verbrechen damit, wie heißt es, Seriosität verleiht. Ohne dich würde der Laden nicht laufen. Ein Wolf im Schafspelz, der glaubt, er ist im Grunde ein guter Mensch. Glaub mir, Phennig, du bist es nicht.«

Michèle hatte den Tisch umrundet und sah den Boss nun lange an. »Der Schlimmste von allen, das bist du, Kevin. Frau, Kinder und Haus am Alsterkanal. Wie zauberhaft. Doch alles mit Leid von anderen gekauft.« Sie klopfte mit der flachen Hand gegen Kevins Hinterkopf. »Und du bist Schwein bei Frauen. Vielleicht nicht bei deiner Ehefrau. Aber bei allen anderen.«

Die Französin drückte ihre Zigarette im Aschenbecher aus, der neben der Hand vom Boss stand, und atmete tief durch. »Kevin. Du hast meinen Bruder umgebracht.«

Sie fasste unter sein Kinn und drehte sein Gesicht zu sich. »Er war der Weihnachtsmann, der in dein Haus gekommen ist. Mon petit frère. Wir sind im selben Zimmer aufgewachsen. Ich habe ihm den Job vermittelt. Es war doch nur Geschenke austeilen und Weihnachtsmann spielen. Wieso musste er dafür sterben? Weil er betrunken war? Weil er deiner Frau auch ein Geschenk mitgebracht hatte? Das ist doch nicht Grund genug, jemanden umzubringen.«

Michèle hob den Kopf. Eben sah sie noch traurig aus, nun blickte sie zornig von Salaa zu Jeffrey und schließlich zu Phennig. »Ihr drei habt es getan. Habt ihn im Schlitten vom Weihnachtsmann festgebunden. Das sollte ein Scherz sein, was? Aber die Nacht war kalt. Er ist erfroren. Hast du darüber gelacht, Kevin? Ich wette, du hast.«

Die schmale Hand der Französin donnerte auf den

Tisch. »Jetzt seid ihr es, die sterben. Nur noch langsamer als er. Ich hoffe, es tut weh.«

Plötzlich füllten sich ihre Augen mit Tränen. Michèle legte sich eine Hand auf den Mund. Phennig konnte sehen, wie sie schwer schluckte.

»Ich wollte gar nicht mehr hier sein«, sprach sie schließlich weiter, »sondern schon halb in Frankreich. Aber Kevin ließ mich ja nicht gehen. Und nun weiß ich auch, warum.«

Michèle schlüpfte in ihren Steppmantel und zog einen Jutebeutel aus einer der Taschen. Dann begann sie, die Scheine vom Tisch einzusammeln. Erst das Geld vom Boss, dann das von Salaa. Kevin hatte am wenigsten gewonnen. Dafür machten die Stapel neben Phennig gehörigen Eindruck. »Wie nicht anders zu erwarten«, sagte sie und schob die Zweihunderter, Hunderter und Fünfziger zusammen, bevor sie das Geld in den fast schon vollen Jutebeutel stopfte. »Mein Neuanfang.«

»Das ist meins«, widersprach Phennig, während seine Hand sich plötzlich um Michèles Handgelenk schloss. Sie schrie vor Schreck auf. Phennigs Stuhl fiel um, als er aufsprang. Er schlug Michèle mit der flachen Hand ins Gesicht. Die Lippe der Französin platzte auf, während ihr Kopf zur Seite gerissen wurde. Michèles schmaler Körper fiel rückwärts und folgte damit dem umgefallenen Stuhl. Mit der Schläfe prallte sie auf dessen stabile Armlehne.

Erschrocken sah Phennig auf die Frau hinunter. »Das wollte ich nicht«, sagte er.

Blut lief aus Michèles Mundwinkel. Blut lief aus ihrem Ohr.

»Du hast mich provoziert, Michèle. Du bist selbst schuld.«

Phennig griff sich an den Bauch. Ihm war wieder übel, und sein Inneres krampfte sich zusammen. Genau wie vorhin, als Salaa ihn beim Betrügen erwischt und anschließend an der provisorischen Bar bedroht hatte. Deshalb hatte Phennig auch das Essen nicht bei sich behalten können und war zur Toilette gerannt, um sich zu erbrechen, während die anderen noch aßen. Den Rest vom Labskaus hatte er nicht mehr angerührt. Selbst als Michèle mit beleidigter Miene meinte, dass ihr Essen ihm wohl nicht schmecke. Aber offenbar war der Teller leer genug, um sie in dem Glauben zu lassen, dass er genug von ihrem Gift zu sich genommen hatte. Irrtum, Süße. Gewaltig danebengetippt.

Phennig drückte Michèles Finger auseinander und nahm den Jutebeutel mit dem Geld an sich. »Das ist mein Neuanfang, nicht deiner.«

Phennigs Entschluss war sehr schnell zustande gekommen, nachdem er die Möglichkeiten durchgespielt hatte.

Die Gläser abzuwaschen und die Tischplatte zu polieren, um so zu tun, als wäre er nie hier gewesen, würde nicht funktionieren. Die Kriminaltechniker würden trotzdem herausfinden, dass eine weitere Person im Raum anwesend war. Außerdem änderte der Tod vom Boss nichts daran, dass die Finanzprüfer Phennig als Geschäftsführer im Nacken saßen. Der Vorfall im Schloss würde sich schnell herumsprechen. Phennig konnte unter diesen Umständen auf kein Verständnis mehr für seine kreative Buchhaltung hoffen, selbst wenn er den Fehlbetrag rechtzeitig ausglich. Natürlich konnte er auch noch versuchen, den Boss, Salaa und Jeffrey zu retten. Die Handys lagen im Regal. Ein Anruf bei der 112 wäre schnell gemacht. Doch wäre der Boss ihm anschließend so dankbar, dass er Phennig den Betrug verzieh? Möglich. Aber Phennig konnte es nicht genau wissen. Dafür war sein Boss viel zu unberechenbar. Dazu kam das Missgeschick mit Michèle. Wie würde die Polizei den Tod der Französin bewerten? Notwehr war es schon mal nicht. Vielleicht fahrlässige Tötung oder sogar Totschlag. Dafür würde Phennig mit Sicherheit ins Gefängnis wandern. Was blieb, war nur noch die Flucht. Verdammt.

Phennig trat Michèles reglosen Körper in die Seite. Dabei entstand ein dumpfes Geräusch. »Entschuldigung«, schickte er sogleich hinterher. Dann knotete er den Jutebeutel zusammen und blickte noch einmal in die Runde. Es würde kein Wiedersehen geben. Als Phennig merkte, wie erleichtert er bei diesem Gedanken war, ergriff ihn ein unerwartetes Gefühl von Freiheit.

Er zog seine teure Daunenjacke an, holte sein Telefon aus dem Regal unter der Emporentreppe und verließ den Rittersaal, ohne sich noch einmal umzudrehen. Ein neues Leben lag vor ihm. Noch in dieser Nacht würde Phennig die Konten vom Boss plündern und all sein Geld auf ein neues Geheimkonto überweisen. Danach wollte er mit Alisha ins Ausland verschwinden. Sie war mit ihrer Arbeit schon länger nicht mehr glücklich. Ihre Eltern waren bereits gestorben, und Geschwister hatte sie keine. Die Chance stand also gut, dass sie mit ihm ging.

Doch als Phennig die letzten Absätze des Rundgangs zum Burgvorplatz nahm, erkannte er, dass es manchmal die Kleinigkeiten waren, die einem das Leben vermiesen konnten. Michèle hatte ihren Wagen direkt hinter seinem geparkt. Phennig besah sich die Situation aus der Nähe, warf dann die Tasche mit dem Geld auf den Beifahrersitz seines Autos, verriegelte die Türen und lief fluchend zurück zur Burgruine. Auf der schmalen Steintreppe rutschte er beinah aus. Das fehlt mir noch, dachte er. Mir hier die Knochen brechen. Kommt gar nicht infrage.

Als Phennig wieder in den Rittersaal kam, entdeckte er Salaa, der auf dem Boden schon halb zur Abseite unter der Emporentreppe gerobbt war. Stöhnend zog er sich noch ein Stück vorwärts, wobei seine Fingernägel über den Boden kratzten. Phennig war angewidert und zugleich beeindruckt vom Lebenswillen dieses abstoßenden Mannes. Dann ging er zum Regal, nahm den Beutel mit den Handys und schleuderte ihn auf die Empore. »Kleine Schwierigkeitssteigerung«, sagte er zu Salaa, während er an ihm vorbei zum Pokertisch ging. Salaa bewegte einen Arm nach rechts und wollte nach Phennigs Hosenaufschlag greifen. Natürlich war die Mühe vergebens.

Phennig trat zu Michèle und ging in die Knie. Das Blut unter ihrem Kopf begann bereits zu gerinnen. »Tut mir leid, Liebes. Aber mit mir hattest du ja auch nichts anderes vor.«

Phennig suchte die Außentaschen des Steppmantels ab. Schon hatte er den Schlüssel zu Michèles Auto in der Hand. »Na also.«

Plötzlich stöhnte die Französin leise. Phennig sprang erschrocken auf und sah, wie das Leben in den Körper der Frau zurückkehrte. Michèle öffnete die Augen und drehte den Kopf langsam in Phennigs Richtung. Was für ein zähes Ding, dachte er bewundernd. Tänzerin durch und durch. In einer Viertelstunde wäre sie bestimmt wieder auf den Beinen. Wie viel wusste Michèle von den Geheimkonten, auf die Phennig es abgesehen hatte? Was hatte der Boss ihr alles erzählt?

»Verdammt«, stieß er leise aus.

Phennig hatte entschieden, dass sein Leben als reicher Mann weitergehen sollte. Aber ohne, dass jemand davon wusste. Für Michèle war in diesem Lebensmodell somit kein Platz.

Wortlos setzte sich Phennig hinter der Französin auf den Boden, zog ihren Kopf auf seinen Schoß und streichelte traurig eine Strähne aus ihrer Stirn. Dann legte er die rechte Hand über ihren Mund und verschloss ihre Nase mit Daumen und Zeigefinger. Zu großer Gegenwehr war Michèle nicht in der Lage. Trotzdem dauerte es lange Minuten, bis ihre Füße nicht mehr zappelten. »Ganz ehrlich«, sagte er voller Mitgefühl, »mit dem Tod deines Bruders hatte ich nichts zu tun. Solche Sachen mache ich nicht.« Als er Michèle endlich losließ, schlug eine Wanduhr zur dritten Stunde des neuen Jahres.

Die Räder drehten auf dem schneebedeckten Kopfsteinpflaster durch, als Phennig Michèles Wagen zur Seite fuhr. Dann stieg er in seinen X7 und fühlte sich gleich viel besser. Das Autoradio spielte Klassik, während die künstliche Burgruine hinter Phennig schnell kleiner wurde. Der Mond war ein ganzes Stück gewandert und befand sich nun auf der anderen Seite der Straße.

Phennig dachte an das neue Leben, dem er entgegenfuhr, und träumte von Alisha.

Eigentlich musste er Salaa dankbar sein. Hätte ihn der Dreckskerl in der Pokerpause nicht so in die Enge getrieben, dann wäre es Phennig nicht bereits vor dem Labskaus aus Angst und Nervosität übel gewesen. Und dann hätte er sich vermutlich auch nicht in die Toilette übergeben. Trotzdem rumorte es in Phennigs Eingeweiden. Wie viel Gift steckte in ihm? Würde er zum Arzt müssen? Oder kam er mit einem verdorbenen Magen und Kopfschmerzen davon? Phennigs Stirn fühlte sich an, als würde ein Specht von innen dagegen klopfen und herauswollen.

Die Landstraße, über die der X7 kurze Zeit später preschte, führte aus Hamburg hinaus. Phennig wollte nicht in seine Wohnung. Zu riskant. Am besten fuhr er direkt zu Alisha nach Norderstedt. Die Kontotransaktionen konnte er auch von ihrem Computer aus erledigen. Selbst ein Tablet reichte dazu aus. Alle Informationen, die er brauchte, befanden sich in Phennigs Kopf. Namen und Passwörter. Der Boss war einfach zu vertrauensselig gewesen.

Als der Elch vor ihm auf die Straße stakste, konnte

Phennig es nicht glauben. In Brandenburg wurden Elche mittlerweile wieder häufiger gesichtet. Dort wanderten sie zwischen Polen und Deutschland ungehindert hin und her. Aber rund um Hamburg gab es diese imposanten Tiere normalerweise nur im Wildpark.

Der Kopf des riesigen Elchbullen mit seinen unverwechselbaren Schaufeln drehte sich zum BMW, als dessen Bremsen griffen. Das Auto rutschte nach rechts, driftete ein Stück quer zur Fahrbahn, stellte sich fast wieder gerade und schoss dann über eine Böschung hinweg. Die Reifen verloren den Kontakt zum Boden, und das zweieinhalb Tonnen schwere Fahrzeug hob ab wie ein startender Jumbo-Jet. Dann krachte es gegen eine Eiche, die dort schon mindestens 50 Jahre unbeweglich in der Gegend stand. Der Fahrerairbag traf Phennig ungünstig ins Gesicht und brach ihm die Nase. Der Baum stoppte derweil nicht völlig die kinetische Energie des Fahrzeugs. Deshalb schleuderte es mit der Eiche als Mittelpunkt eines Kreises um diese herum und blieb entgegen der ursprünglichen Fahrtrichtung stehen. Für eine Weile war nur das Knacken des abgewürgten Motors zu hören. Phennig atmete stoßweise ein und aus. Automatisch griff er sich ins Gesicht, auch wenn er wusste, dass es schmerzen würde.

»Verflucht!«, brüllte er. »Verdammte Scheiße!«

Der Mann der Zahlen war es nicht gewohnt, so heftige Ausdrücke zu hören, schon gar nicht aus dem eigenen Mund. Doch das Auto war hin. Phennig wusste es, ohne dafür den Anlasser betätigen zu müssen. Ein Fluch war also durchaus angebracht.

»Ein Elch. Hier. Das gibt's doch gar nicht.«

Phennig tastete den Rest seines Körpers ab. Alles heile.

Er suchte die Tasche mit dem Geld. Sie lag vor dem Beifahrersitz. Nun zahlte sich aus, dass Phennig die Henkel verknotet hatte. Schon lag die ballförmige Tasche auf seinem Schoß. Schnell wurde ihm klar, dass er hier verschwinden musste, bevor jemand den Unfall bemerkte und die Polizei rief.

Ächzend drückte Phennig die Fahrertür auf. Seine teuren Schuhe versanken im Schnee. Kurz sah er sich nach dem Tier um, das ihn in diese missliche Lage gebracht hatte, konnte es aber nicht mehr entdecken. Dann zog er das Handy aus der Innentasche seiner Jacke und ließ sich auf der Karte den aktuellen Standort zeigen. Luftlinie war er gar nicht so weit von Norderstedt entfernt. Lediglich ein Hochmoor galt es dafür in gerader Linie zu durchqueren. Ein geübter Wanderer sollte dies in einer Stunde schaffen. Da er dies jedoch zweifellos nicht war, rechnete Phennig damit, in gut zwei Stunden vor Alishas Haustür stehen zu können.

Er stieg die Böschung hinauf zur Straße, sah sich nach den Scheinwerfern weiterer Fahrzeuge um, überquerte die Fahrbahn und lief auf der anderen Seite ins Moorgebiet. Totes Unterholz zerrte an seiner Kleidung und griff nach dem Jutebeutel. Nässe drang durch seine Schuhe. Doch Phennig ließ sich nicht beirren. In seinem neuen Leben würde er sich 1.000 neue Schuhe kaufen können. Er lief am Rande eines kleinen Waldstücks entlang, während eine mondbeschienene Lichtung rechts von ihm lag. Dann traf ein mächtiger Schlag seine Schulter. Es fühlte sich an, als sei er von einer Lok gerammt worden.

Als Phennig die Augen wieder öffnete, sah er eine Gestalt über die Lichtung gehen. Den Umrissen und Bewegungen nach war es ein Mann. Hatte er sich nicht eben noch über ihn gebeugt und mit ihm gesprochen? Phennig wusste es nicht genau vor lauter Nebel in seinem Kopf. Jetzt jedenfalls ging der Mann fort von ihm. Er trug ein Gewehr in der Armbeuge. Hatte es der Boss etwa doch noch an sein Telefon geschafft und Phennig einen Killer hinterhergehetzt, fragte sich dieser. Unwahrscheinlich, beantwortete er sich die Frage dann selbst. Denn wie hätte dieser ihn so schnell finden können? Dazu mitten in einem Moorgebiet. Nein, es musste ein Jäger sein. Deshalb das Gewehr. Oder ein Wilderer. Nun entdeckte Phennig den Jutebeutel mit dem Geld in der anderen Hand des Mannes. Krächzend versuchte Phennig, ihm hinterherzuschreien. Doch seine Stimme versagte den Dienst. Ein saurer Geschmack lag in seinem Mund, und die linke Schulter schrie vor Schmerzen. Er dachte wieder an Alisha, sah ihr Gesicht vor sich und glaubte, ihre Wärme zu spüren. »Ruh dich aus, Liebling. Du hast es verdient«, schmeichelte ihre Stimme.

»Ich habe es mir verdient«, wiederholte Phennig und schloss kurz die Augen. Die Müdigkeit, die hinter den Lidern auf ihn wartete, war überwältigend. Als er die Augen wieder öffnete, war der Mann mit dem Geld verschwunden. Dafür bewegte sich nun etwas anderes auf der Lichtung. Es war nicht so groß wie der Mann, dafür geschmeidiger und leiser.

Phennig wusste sofort, dass sich dort ein Wolf heranpirschte und nicht etwa nur ein großer Hund. Die Kopfform war eindeutig. Schritt für Schritt kam das Tier näher. Seine Augen leuchteten gelbbraun im Mondschein. Seit Jahrhunderten war in Deutschland kein Mensch mehr von einem Wolf getötet worden. Doch seit sich neue Rudel in halb Europa ansiedeln durften und vom Menschen geduldet, sogar geschützt wurden, war es nur eine Frage der Zeit, bis dies geschah. Phennig erinnerte sich an eine Diskussionsrunde, die er dazu im Radio gehört hatte. Damals glaubte er, dass dies nur einem Kind passieren könnte. Niemals hätte er gedacht, selbst die Hauptperson zu werden. Als der Wolf die Lefzen nach oben zog, konnte er das scharfe Gebiss erkennen. Phennig hob den Blick zum Himmel. Es war 4.38 Uhr. Der erste Vollmond des Jahres strahlte über das Land. Es war der Wolfsmond.

GRUSS AN BORD

»Was schleppst du denn da für'n Kraut an?«

»Ist doch Weihnachten, Herr Kaptein.« Mit dieser Antwort warf Leichtmatrose Klaus Johannsen einen Tannenbaum über die Reling des Hafenschleppers *Gertrud* von Kapitän Heinrich Kröger. Heini war ein zäher alter Knochen, mit Schippermütze und grauem Vollbart, der sich kurz vor dem Ruhestand beim Armdrücken noch immer von keinem aus der Mannschaft etwas vormachen ließ. Selbst vom 20 Jahre jüngeren und doppelt so schweren Bootsmann Gerd Hinrichs nicht, der zurzeit unten im Maschinenraum steckte und die 1.500 PS des Schleppers zu beruhigen versuchte. Denn er war davon überzeugt, dass die *Gertrud* kurz vor dem Ablegen immer etwas nervös war.

»Mach aber hinne!«, blaffte der Kapitän seinen Lehrjungen an. »Waart Tied.«

»Bin doch ganz pünktlich, Kaptein.« Klaus kletterte an Bord und brachte den Tannenbaum an den Brückenaufbauten vorbei zum Bug. Anders als bei Frachtern oder Passagierschiffen befand sich der Ruderstand des Schleppers weit vorn. Das Heck war dem mächtigen Haken und der Winde vorbehalten, mit denen die Schlepptaue eingeholt wurden. Klaus benutzte den H-Poller auf dem

Vordeck, um daran den Stamm des Weihnachtsbaums mit einer Leine zu befestigen. Das Kraut, wie Kapitän Kröger den Baum genannt hatte, wurde Klaus von einem Straßenhändler quasi hinterhergeworfen. Zum einen, weil der Mann seinen Restbestand an Heiligabend unbedingt noch loswerden wollte, zum anderen, weil das Bäumchen schon recht gerupft aussah. Allemal gut genug für die *Gertrud*, hatte Klaus gedacht und die arme Tanne, die ihm kaum bis zum Kinn reichte, mitgenommen. Ihm jedenfalls gefiel die neue Zierde der *Gertrud*, sah sie festgezurrt am Bug doch fast wie eine Galionsfigur aus.

»Und Kaptein, was meinen Sie?«, fragte Klaus.

»Pah«, gab dieser einsilbig zurück. Doch unter seinem dichten Bart schien Heini Kröger zu grinsen. »Dann mal Leinen los, Jung. Soll nich an uns liegen, wenn dat Schipp nicht rechtzeitig vom Liegeplatz wegkommt.«

»Nee, Kaptein. Das lassen wir uns nicht nachsagen.«

Kapitän Johannsen schien zufrieden. Das ließ sich an seinen Bewegungen ablesen, während er auf die Brücke stakste. Aus dem Ruderhaus sah er zu, wie Klaus zurück an Land sprang, um die Trossen zu lösen. Gerd Hinrichs streckte nun auch seine Nase aus dem Maschinenraum und zog die Leinen an Bord. *Gertruds* Dieselmotor brüllte auf. Dicker Qualm kam aus den Abgasrohren. Kapitän Johannsen hielt das Schiff sicher mit der Steuerbordseite am Anleger, bis sein Leichtmatrose wieder an Bord war. Dann trieb der Bugsierer ein paar Meter rückwärts, bevor Johannsen den Bug vom Anleger weg zur Flussmitte drehte.

Es war wenig los auf der Elbe. Wo sich im Sommer Ausflugsschiffe und Barkassen tummelten, deren Schiffsführer Touristen Geschichten über den Hamburger Hafen erzählten, ob nun wahr oder geflunkert, hatte die *Gertrud* heute freie Fahrt. Ihr Ziel war der auf der anderen Elbseite liegende Vorhafen bei Steinwerder, um einen Schüttgutfrachter auf seine Reise nach Südamerika zu schicken. Hierzu sollte dem Frachtschiff aus der Parkposition geholfen werden. Vermutlich würden sie noch vor dem Dunkelwerden selbst wieder am Kai festmachen und den Heiligabend in der guten Stube verbringen können. Wenn nicht ein anderes Schiff unplanmäßig auch noch ihre Hilfe benötigte. Was keine Seltenheit war, wie alle an Bord wussten. Klaus hoffte, dass sie heute rechtzeitig fertig würden, denn seine Liebste wartete zu Hause auf ihn.

Ordentliche Wellen rollten gegen den Rumpf und ließen den Bug der *Gertrud* ein paarmal hart aufs Wasser schlagen. Eine raue Brise aus der Deutschen Bucht war Grund dafür. Klaus konnte die Einfahrt zum Vorhafen schon sehen, als ein Ruf erschallte, vor dem sich jeder Seemann fürchtete: »Mann über Bord!«

Der Bootsmann hatte den treibenden Gegenstand im Wasser entdeckt. Nur kurz. Dann war seine Sichtung wieder hinter einem Wellenberg verschwunden. Er winkte Klaus zu sich. »Da vorn. Siehst du das?«

Klaus stand breitbeinig auf dem Deck, um den Wellengang auszugleichen. Auf einem Fluss konnte viel treiben. Dann sah er, was Gerd meinte. »Ein Fass vielleicht?«, fragte er.

»Nee, dat is en Minsch.«

»Bist du dir sicher?«

Als Antwort rief der Bootsmann noch einmal »Mann über Bord!« zum Ruderhaus. Dazu legte er beide Hände an den Mund, damit der Wind seine Worte nicht gleich fortriss. »Den Haken, Jung«, sagte er zu Klaus, ohne den Blick von der Stelle zu nehmen, wo die ausgemachte Person eben noch trieb. Mit ausgestrecktem Arm deutete er auf eine Position an Steuerbord. Kapitän Kröger folgte der Ortsbestimmung und legte den Schlepper in den Strom. Sofort beruhigte sich die *Gertrud*. Wieder heulte die Dieselmaschine auf, als ein Rückwärtsschub das 26 Meter lange, 7,6 Meter breite und 24,5 Tonnen schwere Schiff abbremste. Vorsichtig tastete sich die *Gertrud* danach wieder vorwärts. Wer auch immer da im Wasser trieb, ob tot oder lebendig, sollte nicht unter den stählernen Rumpf geraten. Der Rücken der Person wies nach oben, Kopf und Extremitäten lagen unter der Oberfläche.

»Mach schon«, zischte der Bootsmann und griff sich wie Klaus einen Bootshaken. Nebeneinander lehnten sie an der Reling und fischten im eiskalten Wasser. Ihr Ölzeug hielt die Männer trocken, selbst als eine weitere Welle gegen den Rumpf lief und beide in Sprühregen einhüllte.

Klaus schob seinen Bootshaken unter den Hosenbund des Toten, während Gerd versuchte, ihn weiter ans Boot heranzuziehen. Gase hielten den Körper an der Oberfläche, obwohl sich die Kleidung mit Wasser vollgesogen hatte.

»So warrt dat nix«, stellte Gerd Hinrichs fest. Denn der Leichnam war zu unhandlich, um ihn allein mit den Bootshaken aus dem Wasser zu bekommen.

Klaus sollte den Toten festhalten, während der Bootsmann seinen Haken zur Seite legte und stattdessen eine dünne Leine an der leistungsstarken Winde befestigte, die eigentlich zum Einholen von schweren Tauen gedacht war. Dann knotete er eine Slipstek-Schlinge ans andere Ende der Leine und zog eine große Schlaufe auf. »Was macht unser blinder Passagier?«, fragte Gerd, der gerne ins Hochdeutsch wechselte, wenn er mehr als drei Sätze zu sagen hatte und dabei vom Lehrling verstanden werden wollte.

»Keine Ausreißversuche«, gab Klaus flapsig zurück. Er wollte abgebrüht klingen, dabei wurde ihm bei dem Gedanken, eine Wasserleiche an Bord zu ziehen, immer mulmiger zumute.

Der Bootsmann warf die Leine Richtung Bug. Die Schlinge sollte von dort durch die Strömung auf den am Rumpf klebenden Körper zutreiben. Der Plan funktionierte grundsätzlich. Doch erst beim dritten Versuch zog sich die Schlinge langsam über den Toten. »Pass beim Hochziehen gut auf, nicht, dass er uns auf halber Höhe wieder flöten geht.«

»Mann oder Frau? Was denkst du?«, fragte Klaus.

»Frauen sind nicht so blöd, ins Wasser zu fallen«, erwiderte der Bootsmann. »Also, meistens.«

Klaus hoffte, dass der erfahrene Seemann recht hatte. Auf eine weibliche Wasserleiche hatte er noch weniger Lust als auf eine männliche. »Ich ziehe an«, sagte Gerd

Hinrichs und drückte auf den Knopf zum Einholen. Die Winde summte, und die Leine zog sich straff.

Hoffentlich trennt es ihn nicht in der Mitte durch, dachte Klaus. Wenn die Person länger im Wasser lag, war ihr Fleisch bestimmt schon mürbe. »Und Stopp!«, rief der Leichtmatrose.

Der aus dem Wasser gehobene Körper hing etwa einen Meter über der Oberfläche. Ganze Wasserströme ergossen sich aus seiner Kleidung zurück in die Elbe. Klaus schob den Bootshaken weiter unter die Kleidung. Irgendwie fühlte es sich eklig an. Aber so bekam er den baumelnden Körper besser unter Kontrolle. Als die Bäche zu Rinnsalen wurden, gab Klaus dem Bootsmann ein Zeichen. Surrend drehte sich die Winde weiter. Die Leiche schlug gegen den Rumpf der *Gertrud*, während die Hände des Leichtmatrosen am Bootshaken nach oben kletterten. Der Tote trug einen Ledergürtel um die Hüfte. Vor Anstrengung stöhnend zog Klaus daran und rollte den widerspenstigen Körper über die Reling. Mit einem Platschen fiel dieser auf die Schiffsplanken. Im selben Moment gab es einen lauten Knall. Beide Männer sahen sich an. Wortlos drehte sich der Bootsmann um und marschierte zur Brücke. Um nicht allein bei der Leiche zu bleiben, ging Klaus ihm hinterher. Auf der schmalen Leiter nach oben bemerkte er zum ersten Mal eine auf dem Wasser liegende Nebelwand, die sich langsam auf die *Gertrud* zuschob.

Dem Kapitän wurde gemeldet, dass die Wasserleiche geborgen war. So als hätte er es aus dem erhöhten

Ruderstand nicht selbst gesehen. Doch seine Aufmerksamkeit galt im Moment den Bordinstrumenten. Alle Anzeigen waren tot.

»Muss der Generator sein«, stellte Gerd fest. »Das gucke ich mir gleich mal an.«

»Mach aber hinne, Gerd. Nebel zieht auf. Will hier nicht ohne Positionslichter liegen. Erst letzte Woche hat es elbabwärts in solch einer Brühe die *Uwe* erwischt. Wurde glatt versenkt. Weißte ja.«

Alle Seeleute im Hamburger Hafen wussten von dem Unglück. Das mit Kupferschlacke beladene Binnenschiff *Uwe* wurde bei dichtem Nebel vom Frachtschiff *Wiedau* überholt. Kurz nach dem Manöver kollidierte die *Wiedau* mit einem entgegenkommenden polnischen Frachter. Der lief hierdurch aus dem Ruder und rammte die *Uwe* seitlich. Das Binnenschiff zerbrach und sank. Das war genau fünf Tage her.

»Für heute ist aber kein Nebel angesagt«, stellte der Bootsmann fest.

»Und was ist dann das?« Kapitän Kröger zeigte mit dem Daumen über seine Schulter.

Der Teil des Schleppers, auf dem Klaus und der Bootsmann eben noch gestanden hatten, war bereits vollständig vom Nebel verschluckt, so massiv war das treibende Weiß. Wortlos lief Gerd Hinrichs zum Maschinenraum. Klaus folgte ihm. Der große Diesel lief. Doch der Stromgenerator machte keinen Pieps mehr.

»Hoffentlich hat er keinen mitbekommen«, meinte der Bootsmann. »Lass uns gucken, was der Sicherungskasten macht.«

Die Sicherung für das Ruderhaus war durchgeschmort. Gerd Hinrichs setzte eine neue Steckverbindung ein und drückte die Hauptsicherung. »Pass auf, was passiert«, sagte er zu Klaus und ging wieder hinunter in den Schiffsbauch, um den Generator zu starten. Mit einem Knall flog die Sicherung erneut raus. Klaus zuckte zusammen. Vermutlich, weil er genau auf diesen Knall gewartet hatte.

Der Bootsmann kehrte zurück, besah sich den Schaden. »Noch ein Versuch«, sagte er, drückte die Hauptsicherung raus und ersetzte die durchgebrannte Sicherung. Als er wieder Strom auf den Kasten gab, rumste es zum dritten Mal.

»Das verstehe ich nicht«, sagte Gerd Hinrichs zu seinem Kapitän. »Wir haben keine große Last im Ruderhaus. Und am Generator liegt es auch nicht. Der schnurrt wie ein Kätzchen.«

»Und jetzt?«, wollte Klaus wissen. Er stand hinter Gerd im Ruderstand und blickte durch das große Frontfenster angestrengt in den Nebel. Der Schlepper war mittlerweile wie in einen Kokon gehüllt. Kapitän Kröger schob seine Mütze nach hinten und kratzte sich den Kopf. Der Funk und alle Hilfsgeräte zur Navigation waren ausgefallen. Auch die Signallampen funktionierten nicht mehr. Es ging längst nicht mehr darum, ob sie ihren Auftrag erfüllen konnten, überlegte Klaus. Mittlerweile mussten sie nur noch irgendwie wieder heil aus der Suppe herauskommen.

»Kannst du die Sicherung verstärken?«, fragte der Skipper.

»Irgendwas haut sie immer wieder raus«, antwortete der Bootsmann.

»Weiß ich«, stellte Heini Kröger genervt fest. »Aber kann man das umgehen?«

Gerd Hinrichs presste die Lippen aufeinander. Dann meinte er: »Ich könnte die Kontakte überbrücken. Aber das ist gefährlich.«

»Gefährlich?«, wiederholte der Kapitän. »Gefährlich ist es, hier ohne Positionslichter rumzutuckern. Ich weiß ja nicht mal, ob wir treiben oder ob uns die Maschine auf der Stelle hält. Was kann also passieren, wenn du die Sicherung überbrückst?«

»Der Kasten könnte abfackeln.«

»Und wenn nicht?«

»Wenn er nicht in Flammen aufgeht, meinst du? Na, dann haben wir wieder Strom auf dem ganzen Boot.«

Heini Kröger rieb sich über Stirn und Augen. »Jung, du holst den Feuerlöscher und postierst dich damit am Sicherungskasten«, sagte er schließlich. »Womit willst du überbrücken, Gerd?«

Der Bootsmann holte eine Kabellampe. Aufmerksam sah Klaus zu, wie er das Stromkabel mit einer speziellen Zange durchtrennte, die äußere Isolierung entfernte und damit drei getrennte Kabel freilegte. Auch von diesen Strängen mussten die Plastikumhüllungen abisoliert werden. Bald hielt Gerd Hinrichs drei Kupferdrähte in der Hand. Er verdrehte sie zu einem gemeinsamen Strang, dann bog er das neu entstandene Stück in der Mitte zusammen und verdrillte die Drähte. Am Ende hatte er einen Stromleiter aus sechs Kupfersträngen. »Was denkst du?«, fragte der Bootsmann. »Das Teil sollte eine Weile brauchen, bis es durchschmort, oder?«

»Hoffentlich«, erwiderte Klaus.

»Dann sind wir uns ja einig.« Gerd Hinrichs nahm die kaputte Stecksicherung aus ihrer Fassung, verdrehte das neue Kabelstück auf einer Seite und das zweite Ende auf der anderen. »Nicht nachmachen«, stellte er dabei fest. »Damit fällst du durch jede Prüfung.«

Klaus kniff die Augen zusammen, als der Bootsmann die manipulierte Sicherung wieder in den Sockel drückte. Amüsiert grinste dieser den jüngeren Mann an. »Noch ist nichts los«, stellte er fest. »Warte, was passiert, wenn ich die Hauptsicherung reindrücke.«

»Ist das wirklich eine gute Idee?«

»Wir wollen ja nicht bis zum Sankt-Nimmerleins-Tag hier festsitzen«, erwiderte Gerd Hinrichs, klopfte Klaus auf die Schulter und schob ihn dann ein kleines Stück nach hinten. Dieser umklammerte den Schlauch des Feuerlöschers mit einer Hand und hielt den Auslösehebel in der anderen. Verdammt, der Sicherungsstift. Er musste ihn noch ziehen. »Warte«, rief er. Doch da drückte der Bootsmann schon auf den schwarzen Knopf für die Hauptsicherung. Der Kasten begann zu summen, und Funken sprühten aus der manipulierten Sicherung. Der Bootsmann sprang einen Schritt nach hinten. Fast hätte Klaus den Feuerlöscher ausgelöst. Erst dann bemerkte er, dass das Sprühen wie bei einer abbrennenden Wunderkerze nachließ und schließlich erlosch.

»Da laus mich doch der Affe«, freute sich der Bootsmann. »Ich sag's ja immer wieder: lieber den Anker verlieren als das Schiff!«

Die Positionslichter an Backbord und an Steuerbord leuchteten nun wieder rot und grün durch den Nebel. Schwach, aber immerhin. Auch die Mastleuchte gab ihr Bestes, um den dichten Schleier zu durchdringen.

»Wir sind gerettet, Kaptein«, jubelte Klaus, als er und Gerd wieder ins Ruderhaus gingen.

»Sind wir das?«, erwiderte dieser mit weiterhin finsterer Miene. Kapitän Kröger blickte zu den Instrumenten. Nun sah auch Klaus, was den alten Mann beunruhigte. Zwar leuchteten die Anzeigen wieder. Aber mit den Werten ließ sich nichts anfangen. Das Radar zeigte weder Ufer noch andere Schiffe an. Und die Zahlen auf dem Sonar passten auch kein bisschen zu ihrer letzten bekannten Position. Klaus verstand das nicht. Wenn die Instrumente stimmten, gähnte unter dem Schiff ein endlos tiefes Loch. Dabei sollte die Elbe im Hafen keine 17 Meter tief sein.

Heini Kröger griff zum Funkgerät. »Mayday. Mayday. Mayday. Hier ist der Hafenschlepper *Gertrud.* Hafenschlepper *Gertrud.* Hafenschlepper *Gertrud.* Hört uns jemand? Wasserschutz bitte antworten. Wasserschutz bitte!« Als der Kapitän den Sprechfunkknopf wieder losließ, kam nur statisches Rauschen aus dem Lautsprecher. Es erfüllte den engen Ruderstand wie ein akustisches Pendant zum Nebel, der einer Giftwolke gleich über der *Gertrud* lag.

Klaus musste weiter auf den Sicherungskasten achten, während der Kapitän stoisch am Ruder stand und der Bootsmann aufs Vorschiff ging, um Ausschau zu halten. Den Feuerlöscher neben sich stehend, starrte der Leichtmatrose auf den summenden Stromverteiler. Die überbrückte Sicherung schien zu halten. Doch was nützte es, wenn Funk, Radar und Sonar nicht richtig funktionierten? Es war bei Weitem nicht der erste Nebel, den Klaus auf dem Wasser erlebte. Aber dieser hier war anders. Sonst erklang im Hamburger Hafen in regelmäßigen Abständen ein Nebelhorn. Lang, kurz, lang, kurz.

Tuuut, tut. – Tuuut, tut.

Kurze Pause.

Dann wieder: Tuuut, tut. – Tuuut, tut.

Nach einer Weile konnte das einem gehörig auf die Nerven gehen. Doch heute war gar nichts zu hören. Absolut nichts. Selbst der Wellenschlag gegen den Rumpf war eingeschlafen. Klaus wünschte, nicht mit rausgefahren zu sein. Es war Heiligabend. Er wollte nach Hause. Er wollte zu Silke. Immerhin hatte er ein ganz besonderes Weihnachtsgeschenk für sein Mädchen. Kennengelernt hatten sie sich auf dem Hamburger Fischmarkt; an einem Sonntagmorgen um 5.30 Uhr. Er war keck zu ihr gewesen, was Silke besser als ihrer Freundin gefiel, mit der sie über den Markt gebummelt war. Aber die Freundin interessierte Klaus ja auch nicht. Das war vor fast anderthalb Jahren. Seit letztem Herbst wohnten Klaus und Silke nun zusammen. Würde sie sich über sein Geschenk freuen? Was, wenn er zu schnell für sie war? Was, wenn der Ring sie überforderte? Vielleicht hätte Klaus doch etwas anderes kaufen sollen. Zweifelnd biss sich der Leichtmatrose auf die Unterlippe. Dann hörte er den Kapitän sagen: »Was ist, Gerd? Hast du was gesehen? Warum sagst du denn nichts?«

Klaus streckte den Kopf um die Ecke. Der Bootsmann musste eben erst von seiner Ausschau zurück ins Ruderhaus gekommen sein.

»Gerd?«, wiederholte der Kapitän fragend. Noch immer bekam er keine Antwort.

Gerd Hinrichs stand mit hängenden Armen neben der Tür und gab keinen Ton von sich.

»Bootsmann!«, sagte Heini Kröger mit fester Stimme. »Was gibt es da draußen?«

»Ich habe ihn gesehen«, antwortete der Bootsmann mit monotoner Stimme. »Ich habe gesehen, wie er auf dem Mast herumgeklettert ist.«

»Wer?«

»De Klamüüstermann, Heini.« Gerd Hinrichs hob den Kopf und starrte seinen Kapitän an. »De Klamüüstermann is an Bord. Dat Schipp is verlorn.«

»Der Klabautermann?«, wiederholte Klaus mit geweiteten Augen. »Den gibt es doch gar nicht.«

Heini Kröger sah sich zum Leichtmatrosen um. »Natürlich gibt es den nicht. Und das Schiff ist auch nicht verloren. Wir warten hier, bis sich der Nebel lichtet. Und dann fahren wir zurück. Ende vom Lied.«

Gerd Hinrichs schüttelte den Kopf. »Ik heff em sehn!«

»Hast du nicht«, widersprach der Kapitän. »Dein

Verstand hat dir im Nebel einen Streich gespielt. Alles andere ist Seemannsgarn. So ein Zeug gibt's bei mir nicht. Ist das klar, Bootsmann?«

In den Hamburger Hafenspelunken hatte Klaus schon manchen Seemann vom Klabautermann erzählen hören. Mal kündete der Kobold mit seinem Erscheinen den Untergang eines Schiffes an, mal warnte er den Kapitän vor Gefahren. Seeleute erzählten sich gegenseitig die verrücktesten Geschichten, nur um hinterher selbst daran zu glauben.

Gerd Hinrichs starrte den Kapitän weiterhin an, ohne auf dessen Zurechtweisung zu antworten. Doch Heini Kröger war zu erfahren, um sich auf ein Blickduell einzulassen. »So, Jung«, wandte er sich stattdessen an Klaus. »Du guckst jetzt da unten in das Schränkchen da. Mach das mal auf.«

Mit dem Finger deutete Heini Kröger auf die kleinen Türen unter der Fensterfront. Klaus folgte der Aufforderung und fand hinter einer Klappe eine Flasche Überseerum mit 54 Umdrehungen. Irritiert sah er aus der Hocke zu seinem Kapitän auf. Alkohol war an Bord strikt verboten.

»Mach Wasser heiß«, sagte Heini Kröger. »Wir brauchen jetzt alle einen steifen Grog. Und verdammt will ich sein, spar bloß nicht mit dem Rum.«

Klaus lief mit der Flasche in die Kombüse und holte drei Becher aus einem Hängeschrank. In jeden warf er fünf Stücke Würfelzucker. Die Rumflasche war noch ungeöffnet. Als Klaus am Verschluss drehte, gab es ein leises Knacken.

In der Kombüse war es eng. Mehr Platz brauchte man an Bord eines Hafenschleppers aber auch nicht. In den Schränken standen Dosen mit Erbsensuppe, falls es mal nötig war. Aber meistens hielt sich die Besatzung mit Zwieback, Keksen und Schokolade auf den Beinen. Und mit Kaffee. Außerdem gab es ein kleines Kofferradio, das festgebunden auf einem Regal stand. Ohne viel Hoffnung schaltete Klaus es ein. Auch aus dem Radiolautsprecher kam nur Rauschen. Dann brodelte der Wasserkocher. Klaus folgte der Anweisung des Kapitäns und goss zu einem Drittel Rum in die Becher, um dann mit kochendem Wasser aufzufüllen. Der Teelöffel klimperte beim Umrühren, und die Zuckerstückchen lösten sich auf. Mit drei dampfenden Bechern kehrte Klaus zurück ins Ruderhaus.

»Trink«, befahl Heini, als der Bootsmann zögerte. »Das weckt die Lebensgeister.«

Und so war es. Jedenfalls bei Klaus. Seine Wangen fingen schnell an zu glühen. Auch Gerd nippte an seinem Becher. Dann pustete er und nahm gleich noch einen Schluck. Diesmal einen größeren.

»Tut mir leid, Heini«, sagte der Bootsmann nach einer Weile der Stille. »Ich glaub, ich drehe noch durch in diesem verfluchten Nebel. Das ist doch nicht normal. Musst du selbst zugeben.«

»Nee. Normal ist das nicht. Aber das ist mir egal. Ich warte, bis er verschwindet. Das hat bisher noch jeder Nebel getan.«

»Sind doch nur ganz feine Wasserteilchen, die in der Luft schweben«, meinte Klaus.

»Ganz genau«, stimmte Heini Kröger zu. »Der Jung hat recht. Nur kleine Wasserteilchen, mehr nicht. Und vor Wasser haben wir keine Angst. Oder?« Bevor wieder eine größere Pause entstehen konnte, hakte er nach. »Oder, Gerd?«

»Nee, vor Wasser haben wir keine Angst.«

Heini Kröger schlug bestätigend mit der flachen Hand aufs Steuerrad. Dann betätigte er das Nebelhorn der *Gertrud*. Das Tuten klang für Klaus jedoch traurig, einsam und sinnlos. Wenn der Nebel keine Geräusche zu ihnen durchließ, würde man ihr Signal doch bestimmt nicht hören. Falls es da draußen überhaupt noch jemanden gab. Vielleicht waren sie ja die letzten Menschen auf der Welt. Dann glaubte Klaus plötzlich, leise Musik zu hören. Heini Kröger ließ wieder das Horn der *Gertrud* erklingen, und Klaus wusste nicht, ob er sich getäuscht hatte. Doch das nach oben gehende Kinn des Bootsmanns sagte ihm, dass auch dieser etwas gehört hatte.

Vier Baby C Batterien steckten im Rücken des Kofferradios aus der Kombüse. Das wusste Klaus, weil er sie erst vor ein paar Tagen ausgetauscht hatte. Er band das Radio los und nahm es vom Regal, dabei befürchtete er, dass sich der Empfang verschlechtern würde. Doch das Gegenteil war der Fall. Sein Körper diente offenbar als Erweiterung der Antenne. Laut und deutlich ertönte aus dem Frontlautsprecher ein Männerchor. Er sang: »Wir lagen vor Madagaskar und hatten die Pest an Bord. In den Fässern, da faulte das Wasser, und täglich ging einer über Bord. Ahoi, Kameraden. Ahoi, ahoi. Leb wohl, kleines Mädel, leb wohl, leb wohl!«

Es gab erbaulichere Lieder, doch als Klaus mit dem Radio vor der Brust im Ruderhaus erschien, blickten der Bootsmann und Kapitän Kröger erwartungsvoll auf den kleinen Rundfunkempfänger. Endlich gab es wieder ein Lebenszeichen von außerhalb.

Ein Moderator bedankte sich bei dem Seemannschor, der das Lied gesungen hatte, und erzählte seinen Hörern, dass die Aufnahme bereits vor zwei Wochen in den Räumlichkeiten der *Wedeler Schiffsbegrüßungsanlage* entstanden sei. Dann begann er mit ruhiger, angenehmer Stimme eine Karte vorzulesen, auf der eine Mutter ihren Sohn grüßte, der sich auf einer Atlantiküberfahrt befand.

»Das ist *Gruß an Bord*«, stellte Klaus strahlend fest. Die Radiosendung zu Heiligabend gab es schon seit seiner Kindheit. Seine Eltern schalteten sie jedes Jahr ein. Eine Mischung aus Sehnsucht und Behaglichkeit war damit stets in die Stube von Familie Johannsen eingekehrt. Selbst beim Abendessen wurde die Sendung nicht ausgeschaltet. Weil verschiedene Sendeanstalten das feierliche Programm übernahmen, war die Sendung auch noch weit entfernt von der Heimat zu hören, hatte der Vater früher seinem kleinen Klaus erzählt. Und so war es noch immer.

»Gerd, übernimm mal kurz das Ruder«, kommandierte Kapitän Kröger, obwohl es im dichten Nebel noch immer nichts zu steuern gab. Dann verschwand Heini Kröger kurz und kam gleich darauf mit einer

Handvoll Teelichter zurück. Der alte Seemann mit dem grauen Bart verteilte die kleinen Kerzen auf einem vor den Fenstern umlaufenden Sockel und zündete sie mit einem Streichholz an. Klaus wunderte sich, weil offenes Feuer auf der *Gertrud* genau wie der Rum verboten war. Doch als sich die kleinen Flammen durch Spiegelungen in den Fenstern vervielfachten, entstand im Ruderhaus ein Lichtermeer, das weihnachtlicher nicht sein konnte. Derweil las der Mann im Radio weitere Grüße für Seeleute vor, die irgendwo auf den Weltmeeren unterwegs waren. Anschließend begann eine Sechsjährige *Stille Nacht, Heilige Nacht* auf ihrer Blockflöte zu spielen. Der Moderator erzählte einleitend, dass Luise dafür extra ins Sendestudio gekommen sei. Die drei Seemänner auf der *Gertrud* lauschten schweigend. Zwar musste keiner weinen, aber ergriffen waren sie doch. Klaus umklammerte noch immer das Radio, um den Sender nicht zu verlieren, während Gerd einen letzten Schluck aus seinem Becher nahm.

Luise erzählte, wie lange sie für das Ständchen geübt hatte. Mit geschlossenen Augen glaubte Klaus, das Mädchen in einem weißen Kleidchen und mit ihrer Blockflöte in Händen beinah zu sehen. Zur Verabschiedung machte sie bestimmt einen kleinen Knicks. Schon kündigte der Moderator einen Telefonanruf an. »Nach dieser wunderschönen Musikdarbietung kommen wir nun zu einer besonders rührenden Geschichte und einem speziellen Gruß an den Leichtmatrosen Klaus Johannsen an Bord des Hafenschleppers *Gertrud*. Aber hören Sie selbst.«

Klaus blickte fragend auf das Transistorgerät in seinen Armen.

»Lieber Klaus«, begann eine Frauenstimme. Sie hatte einen leichten Halleffekt, so wie man es kannte, wenn jemand im Radio über Telefon zugeschaltet wurde.

»Dien Mudder«, stieß Gerd Hinrichs aus und grinste dabei. »Das ja 'n Ding!«

Aber das stimmte nicht. Klaus dachte, dass die Stimme seiner Mutter anders klang. Jünger. Weicher. Trotzdem kam ihm der Klang bekannt vor.

»Psst«, machte Kapitän Kröger. Alle drei Männer lauschten aufmerksam. Noch hatten sie nichts verpasst, denn die Frau am Telefon hatte eine Pause gemacht. Dann sprach sie weiter.

»Mein Klausi, nun bist du schon so lange fort. Und trotzdem denke ich noch immer an dich. Du und deine Kameraden, ihr seid nie von der letzten Fahrt mit eurer *Gertrud* nach Hause gekommen. So lange warte ich schon.« Wieder machte die Frauenstimme eine kurze Pause. »Ich will dir nur sagen, mein Klausi, dass ich den Ring gefunden habe, den du mir zu Weihnachten schenken wolltest. Und auch wenn du mich nicht mehr hören kannst, da draußen auf dem Wasser, will ich doch, dass du weißt, dass ich Ja gesagt hätte. Wohin auch immer du mit der *Gertrud* verschwunden bist, ich bleibe die Deine. Mach's gut, Klausi. Wir sehen uns in einem anderen Leben.«

Klaus öffnete den Mund. »Silke«, sagte er dann. Aber das konnte nicht sein. Silke war zwei Jahre jünger als er. Die Stimme im Radio hingegen gehörte einer alten Frau. Kapitän Kröger und der Bootsmann sahen sich an. Keiner von beiden schien zu verstehen, was hier los war. Scherzanrufe gab es in einer solchen Weihnachtssendung normalerweise nicht.

»Das müssen Sie uns nun doch etwas genauer erklären, Frau Brandt«, stellte der Radiomoderator fest. »Da gibt es einen Ring, den Sie gefunden haben? Ich nehme an, es handelt sich um einen Verlobungsring?«

»Ganz genau«, antwortete Silke. »Klaus und ich haben schon zusammen gewohnt, bevor er verschwand. Ich habe den Ring etwas später zwischen seinen Sachen gefunden. Und da war mir sofort alles klar. Aber er ist ja nie wieder nach Hause gekommen.«

»Wann war das?«

»1975.«

»Oh, das ist lange her«, stellte der Sprecher mitfühlend fest.

»Ja. Er ist mit seinen Kameraden Heiligabend '75 rausgefahren, um einen Frachter in die Fahrrinne der Elbe zu bringen. Doch plötzlich waren sie verschwunden. Von einem Moment zum anderen, hat man mir damals erzählt. Kein Signal mehr auf den Geräten. Und auch kein Sichtkontakt mehr. Einfach weg. Natürlich gab es eine Suchaktion. Aber auch das Wrack der *Gertrud* wurde nie gefunden. Niemand kann erklären, was damals geschehen ist.«

»Eine traurige Geschichte«, meinte der Moderator. »Aber es ist schön, dass Sie nach 50 Jahren noch immer an Ihren Klaus denken.«

»Das werde ich auch weiterhin tun, bis wir uns irgendwann wiedersehen. In meinem Herzen ist er noch immer bei mir«, versicherte Silke, während sich Klaus mit langsamen Bewegungen auf dem Klappsitz neben der Tür niederließ.

Gerd Hinrichs wippte nervös von einem Bein aufs andere, derweil Heini Kröger Klaus lange ansah. Der Leichtmatrose hielt den Blick gesenkt. Das nächste Shanty-Lied, das aus dem Radio schallte, bereitete den drei Männern keine Freude mehr. Endlich sagte Klaus, dass die Sachen, die die Anruferin gesagt hatte, stimmten. Er habe einen Ring für seine Silke gekauft, um ihr diesen zu Weihnachten zu schenken. Es war ein Verlobungsring mit einem winzigen Diamantsplitter, der nicht so teuer war, wie er aussah. »Vor der Hochzeit will ich doch noch meine Lehre abschließen. Und dann als Vollmatrose anheuern. Dann können wir heiraten. Und der Ring ist ein Versprechen. Dass wir zusammengehören. Ich und Silke.«

»Rührend«, kommentierte Gerd Hinrichs. »Wem hast du davon erzählt? Wer kann das wissen?«

»Keiner. Ich habe den Ring ganz allein gekauft und zwischen meiner Wäsche versteckt.«

»Dann soll die Alte im Radio also deine Silke gewesen sein?«

Klaus zuckte mit den Schultern. »Es klang wie ihre Stimme.«

»Ist Silke denn eine alte Oma?«

»Sie ist 20.«

Gerd Hinrichs stemmte die Arme in die Seiten und schüttelte langsam den Kopf. »Dann sind wir wohl alle tot. Mit der *Gertrud* abgesoffen. Wir wissen es nur noch nicht. Ich hab euch ja gesagt, dass ich den Klabautermann gesehen habe. Und nun hört ihr es selbst. Sie beklagen uns schon im Radio. Wir sind alle tot.«

»Tüünkraam!«, widersprach Heini Kröger. »Den Klabautermann gibt es nicht. Das hab ich dir schon gesagt, Kerl. Und tot bin ich auch nicht. Und du nicht. Und er nicht. Keiner hier an Bord ist tot!«

Kapitän Kröger stand mit geradem Rücken da. Sein Blick wanderte zwischen Bootsmann und Leichtmatrosen hin und her. Alle drei dachten an dasselbe. »Ich will den Mann sehen, den ihr an Bord geholt habt«, stellte der Kapitän fest. »Wo liegt er?«

»Am Heck«, antwortete Klaus sofort.

»Geh vor«, befahl Heini Kröger. »Gerd, du kommst auch mit.«

»Und keiner bleibt am Ruder?«, wunderte sich der Bootsmann.

»Du kommst mit, hab ich gesagt«, donnerte der Kapitän ihn an.

Die drei Männer arbeiteten sich durch den Nebel bis zum hinteren Schiffsteil. Der große Haken für die Schiffstaue war kaum zu erkennen. Alle drei benutzten die Reling, um die Orientierung zu behalten. Die Wasserleiche lag noch dort, wo Klaus und Gerd sie zurückgelassen hatten.

»Was hat denn der für komische Klamotten an?«, fragte Kapitän Kröger.

»Weiß nicht«, erwiderte Klaus. »Hab ich nicht drauf geachtet.«

»Guck mal, ob du was finden kannst.«

»Was denn finden?«

»Geldbörse zum Beispiel.«

Klaus ging in die Knie, obwohl es für ihn kein Spaß war, den Leichnam zu untersuchen. In einer Jackentasche fand er einen rechteckigen Gegenstand. Die eine Seite hatte eine Plastikverschalung, die andere schien aus Glas zu bestehen. So etwas hatte Klaus noch nie gesehen. Das Ding erinnerte an einen Taschenspiegel. Nur, dass der Spiegel schwarz und das eigene Gesicht darin kaum zu erkennen war. Fast als blicke ihm eine düstere Erinnerung von sich selbst entgegen. Klaus steckte das Ding zurück in die Jackentasche, aus der er es herausgezogen hatte. Dann fand er ein Portemonnaie. Heini Kröger ließ es sich reichen und zog einige Geldscheine aus den hinteren Fächern. »Was ist denn das für Spielzeuggeld? Schon mal jemand gesehen? ›Euro‹ steht drauf. Und die Scheine haben eine Europaflagge.«

Gerd Hinrichs sah über die Schulter seines Kapitäns. »Könnte *Monopoly*-Geld sein.«

»Meinst du?«

»Weiß nicht. Bin nicht so der Spieletyp.«

»Wer hätte das gedacht ...« Heini Kröger kramte weiter und zog ein Plastikkärtchen aus dem Portemonnaie. »Maybach. Konrad. Das muss er wohl sein. Sieht aus wie 'ne Geldkarte. Guck du mal, Klaus. Deine Augen sind besser.«

Klaus verglich das Foto auf der Vorderseite mit dem Gesicht des Toten. »Schwer zu sagen. Könnte aber hinkommen.« Er hielt die Karte zwischen Daumen und Zeigefinger. »Bundesrepublik Deutschland steht oben drüber. Geboren 7.3.1981.«

»Was?«, entgegnete der Kapitän.

»1981 geboren«, wiederholte Klaus.

»Das ist doch Mist. 1981 ist in sechs Jahren.«

»Nicht, wenn wir alle tot sind«, mischte sich Gerd Hinrichs ein. »Der Tod kennt keine Zeit. Der Tod macht alle gleich.«

»Halt den Rand, Gerd«, brauste Kapitän Kröger auf. Derweil drehte Klaus das Kärtchen zwischen seinen Fingern um. »Der Mann kommt aus Mannheim. Ausgestellt wurde die Karte am 12.8.2017.«

»Jetzt hör aber auf.«

»Steht hier. Kann ich doch nichts für.«

Heini Kröger warf Klaus das Portemonnaie zu. »Stopf die Karte wieder rein und steck die Börse zurück in seine Jacke. Wir werfen ihn wieder über Bord.«

»Das wird dem Wasserschutz nicht gefallen«, stellte Gerd Hinrichs fest.

»Hab ich dich was gefragt?«

»Nee.«

»Also!« Kapitän Kröger deutete auf den Toten. »Hilf deinem Kameraden bei der Arbeit.«

Gemeinsam packten Klaus und Gerd die Wasserleiche an Armen und Beinen. »Los, höher«, stöhnte der Bootsmann. »Muss ich das ganze Gewicht allein heben, oder was?«

»Ich mach doch schon«, gab Klaus zurück.

Kapitän Kröger trat einen Schritt vor und half, den Rumpf des Toten über die Reling zu hieven. Widerspenstig rollte der Körper über das Geländer und platschte ins Wasser. Sofort warf ihn eine Welle wieder gegen die Bordwand, und es gab einen lauten Knall.

»Der Stromkasten«, stieß Gerd Hinrichs aus und lief zum Ruderhaus. Klaus und Kapitän Kröger folgten ihm.

Es stank nach Rauch, als sie die Brücke erreichten. Der Bootsmann stand mit dem Feuerlöscher vor dem verschmorten Sicherungskasten. Schaum tropfte von der Wand.

»Den können wir jetzt endgültig vergessen«, stellte Gerd Hinrichs fest.

»Auch egal«, gab Kapitän Kröger zurück. »Jung«, sagte er dann zu seinem Leichtmatrosen, »du gehst zum Bug. Pass genau auf und ruf, wenn du was siehst. Wir fahren jetzt nach Hause. Komme, was da wolle!«

Gerd Hinrichs stellte den Feuerlöscher hart auf dem Boden ab und Klaus stieß ein »Aye, Kaptein« aus. Endlich wurde etwas unternommen. Klaus eilte zur Tür und tastete sich nach vorn. Noch bevor er am Bug stand, erwachte der bisher nur leise tuckernde Dieselmotor wieder zu alter Kraft.

»Immer der Nase nach«, brüllte Klaus zum Ruderhaus. Denn es schien ihm plötzlich so, als sei der Nebel direkt vor *Gertruds* Nase nicht mehr ganz so dicht. Er sah Schwaden, die über das Wasser trieben. Er sah Wellen und Gischt. »Immer weiter«, rief Klaus. »Nur immer weiter!«

Kapitän Kröger schien Klaus gehört und daraufhin den Kraftstoffhebel ganz nach vorn gedrückt zu haben, denn Klaus spürte, wie ein Ruck durch den Rumpf ging, als das Schiff beinah nach vorn sprang. Es war ein Leichtsinn sondergleichen, ohne Navigationshilfe und ohne Positionslichter mit solch einem Tempo durch das Wasser zu pflügen. Doch der Nebel erschien ihm immer weniger dicht. Der Leichtmatrose umklammerte mit einer Hand die Reling, mit der anderen den am Bug stehenden Tannenbaum. Der erste Fahrtwind seit Stunden kühlte sein Gesicht. Nun wusste er, dass sie auf dem richtigen Weg waren. Er konnte es fühlen. Schon wollte er einen Jubelschrei ausstoßen, als sich von hinten eine Hand auf seine Schulter legte.

Als Klaus den Kopf drehte, stand ihm eine nackte, dürre Gestalt mit dünnen Armen und Beinen gegenüber. Ihr Schädel war kahl, und in ihrem Mund blitzten spitze Zähne. Die Gestalt starrte den Leichtmatrosen aus geröteten Augen an. Ein böses Flackern darin verriet Mordgedanken. Klaus war auf einen Angriff gefasst, einen Sprung, eine Umklammerung von langgliedrigen Fingern an seinem Hals und auf Zähne, die sich in sein Fleisch schlugen. Stattdessen schüttelte die Gestalt tadelnd den Kopf. Dann drehte sie sich um, erklomm blitzschnell den Mast und sprang von dessen Spitze in den dahintreibenden Nebel. Mit flinken Bewegungen kletterte die Gestalt darauf herum, als hätten die Schwaden eine feste Struktur. Allmählich schien beides eins zu werden. Dann tauchte eine riesige schwarze Wand aus dem Nebel auf.

Mit offenem Mund starrte Klaus nach oben. Es war der Bug eines Kreuzfahrtriesen, der sich aus dem Nichts schälte und genau auf die *Gertrud* zuhielt. Klaus erkannte im schwarzen Metall eine Ankerluke. Weiter vorn zielte eine Bugnase dicht unterhalb der Wasseroberfläche auf den viel kleineren Hafenschlepper, als wolle sie ihn mit Absicht rammen. Schon befand sich der vorderste Teil des Riesenschiffs direkt über der *Gertrud*. Klaus klammerte sich weiterhin an die Reling und den Weihnachtsbaum, als könnte das etwas ändern. Das viel größere Schiff würde die *Gertrud* unter Wasser drücken. Stahl würde sich verformen wie ein Schokoladenriegel in der Sonne, und die Besatzung würde es zusammen mit dem Schiff in die kalte Tiefe ziehen.

Nichts hätte den Zusammenstoß jetzt noch verhindern können, hätte Klaus nicht vorhin sein »Immer weiter. Nur immer weiter!« gerufen. Nur deshalb raste die *Gertrud* bereits im Schweinsgalopp durchs Wasser. Und nur hierdurch schaffte es der kleine Hafenschlepper, dem Crash zu entgehen. Die Bugwelle der schwimmenden Stadt hob das neben ihr winzig wirkende Schiff wie ein Spielzeug an und schubste es von sich weg. Stampfend schoss die *Gertrud* weiter. Ihr ächzender Dieselmotor war nichts gegen den Lärm, den die Schiffsmaschinen des schwarzen Kolosses machten, der nun am Heck des Schleppers vorbeizog. Aus einem riesigen Schornstein stieg schwarzer Qualm auf.

Lange konnte Klaus den Blick nicht abwenden. Doch als er sich irgendwann wieder nach vorn drehte, brach die Nebelwand gänzlich auf, und vor ihnen tauchte das vertraute Hamburg-Panorama mit Landungsbrücken und dem Kirchturm des Michel auf. Hinter sich hörte Klaus Gesang aus vollen Kehlen. »Jan und Hein und Klaas und Pitt, die haben Bärte, die haben Bärte, die fahren mit.« Das Ruderhaus mit Kapitän Kröger und Bootsmann Hinrichs leuchtete durch die aufgestellten Kerzen wie ein Weihnachtsbaum. Einen feierlicheren Anblick konnte es in diesem Moment nicht geben. Silke wird mir kein Wort glauben, dachte Klaus, und wischte sich Tränen aus den Augen. »O du böse ...«, schluchzte er. »O du fiese Weihnachtszeit!«

SPOILERALARM

Falls du, genau wie ich, zu den Lesern gehörst, die sich das Nachwort bei Büchern als Erstes vornehmen, kannst du dich auf zwölf Weihnachtsgeschichten freuen, die nicht nur böse und makaber sind, sondern auch kriminell bis gruselig. Wenn du schon zu Ende gelesen hast, weißt du, welche Geschichten ich meine. Wenn nicht, sei gewarnt. Ich versuche zwar, das Spoilern zu vermeiden, erzähle hier aber trotzdem ein paar Hintergründe zum Buch. Du musst also gut überlegen, ob du an dieser Stelle weiterlesen möchtest.

Wer meine Bücher kennt, weiß, dass ich als TV-Reporter mit meiner Kamera über 20 Jahre die Hamburger Straßen unsicher gemacht habe. Neben Gerichts-, Sport- und Rathausterminen gehörten auch immer wieder Blaulichtgeschichten dazu. Bei Feuer brauchte ich irgendwann nur noch meine Nase, um mit geöffnetem Autofenster zu wissen, in welche Richtung ich fahren musste. Auch die Orte vieler Tötungsdelikte habe ich gesehen. Diese Arbeit war die Grundlage für meine Thriller-Reihe mit dem investigativen Journalistenpaar Jan Fischer und Charlotte Sander. Irgendwann kam ich dann auf die Idee, eine ganz spezielle Stadtrundfahrt für Liebhaber des Morbiden zu entwickeln. Da ich den Plan in der Realität nie umgesetzt habe, lasse ich dies nun Blaulichtfotograf Willi in der Geschichte »In Hamburg sagt man Tschüss« übernehmen.

Beschriebene Bräuche (Tannenbaumwerfen auf Schiffe), kulinarische Genüsse (Hamburger Labskaus) sowie ein aus der Elbe ragendes Wrack vor Blankenese (die *Uwe*) gibt es hingegen wirklich. Auch die Radiosendung *Gruß an Bord*, bei der seit 1953 Weihnachtsgrüße aufs Meer geschickt werden, kannst du noch immer jedes Jahr an Heiligabend einschalten. Das Alsterschlösschen/Burg Henneberg existiert ebenso wie das Gruselkabinett und eine interaktive Ausstellung in der Hamburger Speicherstadt, in der man die Welt von blinden Menschen lebensnah erfahren kann. Außerdem bediene ich mich an Seemannsgarn (Klabautermann) und Märchen (das Mädchen mit der roten Mütze). Die zitierten Lieder sind *Wir lagen vor Madagaskar* von Just Scheu und *Alle, die mit uns auf Kaperfahrt fahren* von Gottfried Wolters. Referenz erweise ich zudem meiner Lieblingsballade *Die Füße im Feuer* von Conrad Ferdinand Meyer. Und grundsätzlich gebe ich für das vorliegende Werk den Kurzgeschichten von Roald Dahl und Stephen King eine Mitschuld, die ich in den prägenden Jahren der Jugend verschlungen habe.

Bleibt mir noch, dir starke Nerven beim Lesen oder Wiederlesen zu wünschen. Wenn du Lust hast, schreibe mir gerne, welche Geschichte dir am besten gefällt. Oder stelle eine Rezension auf den gängigen Portalen ins Internet. Ich bin gespannt. Dein

Markus Kleinknecht, März 2024

Alle Bücher von Markus Kleinknecht:

Reporter Jan Fischer und Fotografin Charlotte Sander ermitteln:

1. Fall: Sturmgepeitscht
ISBN 978-3-8392-0080-3

2. Fall: Hamburg im Zorn
ISBN 978-3-8392-0265-4

3. Fall: Bist du nicht willig
ISBN 978-3-8392-0560-0

O du fiese Weihnachtszeit
ISBN 978-3-8392-0719-2

GMEINER SPANNUNG

WWW.GMEINER-VERLAG.DE
Wir machen's spannend